U0589638

中等职业教育旅游服务类专业系列教材

旅行社岗位实训教程

张淑珍 秦 力 主 编

刘 鑫 王 娜 副主编

科 学 出 版 社

北 京

内 容 简 介

本书以旅行社岗位为核心,基于工作过程,采用任务驱动的方式,遵循"以任务为主线,以学生为主体,以实践为导向"的设计思想。每个项目在任务的引领下,通过知识准备、情景实训来构建与职业相关的知识和技能。本书共六个项目,分别为前台销售岗位、OTA 客服岗位、计调岗位、地接导游岗位、会务岗位、景区导游岗位。

本书为现代学徒制岗位课程配套用书,可供中等职业学校旅游管理专业学生使用,也可供社会人员参考使用。

图书在版编目(CIP)数据

旅行社岗位实训教程/张淑珍,秦力主编. —北京:科学出版社,2020.2
(中等职业教育旅游服务类专业系列教材)
ISBN 978-7-03-064336-0

Ⅰ. ①旅… Ⅱ. ①张… ②秦… Ⅲ.①旅行社-企业管理-中等专业学校-教材 Ⅳ. ①F590.654

中国版本图书馆 CIP 数据核字(2020)第 021561 号

责任编辑:贾家琛 涂 晟 / 责任校对:王万红
责任印制:吕春珉 / 封面设计:东方人华平面设计部

科 学 出 版 社 出版

北京东黄城根北街 16 号
邮政编码:100717
http://www.sciencep.com

三河市骏圭印刷有限公司 印刷
科学出版社发行 各地新华书店经销

*

2020 年 2 月第 一 版　　 开本:787×1092 1/16
2020 年 2 月第一次印刷　　 印张:11
字数:250 000

定价:32.00 元

(如有印装质量问题,我社负责调换〈骏杰〉)

销售部电话 010-62136230 编辑部电话 010-62135763-2013

版权所有,侵权必究

举报电话:010-64030229;010-64034315;13501151303

前　言

　　现代学徒制切合了当今时代发展的需求和人才培养、人才教育领域的现实境况，为我国职业教育改革和发展打开了新局面。在现代学徒制理念引领下，校企合作订单式培养、校企双主体育人，采用任务驱动授课模式，打破了传统教学模式。为适应中等职业教育课程和专业改革需要，教材建设必须从校企合作开发的新视角和基于工作本位学习的角度进行开发，遵循学生认知规律，重视行业（师傅）、学生（学徒）的参与，注重学生实践能力的培养。

　　本书以培养具有一定理论知识和较强岗位技能水平，能从事旅游行业相关岗位的高素质技能型人才为目标，同时配套二维码资源和教学资源，供学生练习和教师参考使用。

　　本书建议学时为 36 学时，具体学时分配如下表所示。

课程内容	建议学时
项目一　前台销售岗位	4
项目二　OTA 客服岗位	4
项目三　计调岗位	8
项目四　地接导游岗位	8
项目五　会务岗位	6
项目六　景区导游岗位	4
附录	2
总学时	36

　　本书由山东省青岛旅游学校王雁名师工作室成员倾力完成，由张淑珍、秦力担任主编，刘鑫、王娜担任副主编，具体编写分工如下：沈力编写项目一，孙靖然编写项目二，王娜编写项目三，王雁编写项目四，张淑珍编写项目五，胡倚林编写项目六。全书由秦力、刘鑫统稿。

　　编者在编写本书的过程中参阅了大量的相关书刊与资料，在此向相关作者致以衷心的感谢。

　　因编者水平有限，书中难免存在不足之处，敬请广大读者批评指正。

编　者

2020 年 1 月

目 录

项目一　前台销售岗位

📍 项目导读

　　作为旅游服务企业，最能够体现旅行社服务内涵的就是直接面对游客的员工。前台便是旅行社的一个重要窗口。前台员工的素质，直接关系到旅行社的服务质量和水准。每位前台员工必须认识到自己的形象也代表着公司的形象，还必须充分认识到前台工作的重要性。本项目将带领大家走进前台销售岗位，了解前台销售人员的工作态度、服务水平、专业知识、敬业精神等，掌握前台销售人员的工作程序和岗位标准。

📍 项目目标

1）了解前台销售的岗位职责。
2）理解前台销售人员应具备的基本素质和能力。
3）掌握成为合格的前台销售人员的方法。

任务一　初识前台销售

案例引入

　　李强是某中等职业学校旅游管理专业的学生，他的父母打算在国庆长假期间带他去东南亚游玩。由于没有具体的计划，他们便想去旅行社咨询一下。周末，他们一家人来到了旅行社，前台销售人员热情地接待了他们，回答了他们的问题，并根据他们的需求推荐了合适的线路，而且正好满足了他们旅行的愿望，使他们顺利签约参加了旅行团。前台销售人员丰富的知识、热情的服务、机智风趣的谈吐给李强留下了深刻的印象。李强也想成为一名优秀的前台销售人员，那么前台销售人员的具体工作有哪些呢？

知识准备

　　前台是游客了解旅行社产品的重要渠道，前台销售人员的服务水准往往决定了游客的选择。

1. 从客人层面分析

　　前台员工直接为游客提供服务，代表着整个旅行社的形象。

　　游客对旅行社的初次印象，是从前台服务开始的。如果前台员工的服务令游客满意，不仅能够促成销售，而且能使公司赢得良好的口碑。相反，如果前台员工的服务态度恶劣，给游客留下不良的印象，那么，游客不仅不会参团，还有可能向其亲友传播，对旅行社造成负面影响。

2. 从公司业务部门层面分析

　　前台员工既可销售公司产品，也可实现公司业务部门的计划。

　　国内部、海外部制订团队计划，预订机票和酒店，编制线路等大量工作的目的是要游客参加旅行团，实现公司利润。但是，如果没有前台员工对这些线路进行销售，所有业务部门的工作都是白费的，甚至会造成损失。每个前台员工必须明白前台销售岗位的重要性，要引导和实现游客消费的工作，以给公司带来利润。一个优秀的前台员工，能够实现各个业务部门的团队计划，为公司创造利润；一个拙劣的前台员工，即使业务部门设计的产品非常优秀，也可能因前台销售原因而导致滞销，给公司带来损失。

3. 从游客层面分析

　　前台服务让游客更加客观地清楚他们所购买的产品的情况。

　　旅游产品是一种无形的产品，游客向旅行社所购买的线路产品是他们看不到、摸不着的。因此，他们必须通过前台员工的描述和回答进行了解。前台员工必须清楚地向游客描述该产品的真实情况。同时，前台销售人员针对游客的一些特殊要求可以向业务部门反馈，尽量满足游客要求，提高服务满意度。

4. 从导游和客户服务部门层面分析

前台工作能够减少游客的投诉，减轻导游和客户服务部门的压力。

前台工作是售前工作。让游客客观地了解他们所购买的产品的真实情况非常重要。例如，游客认为他们花费了 3000 元参加北京旅游，一定可以吃好住好。但是，前台员工应委婉地告诉游客，这 3000 元包括机票近 2000 元、汽车交通费近 200 元、门票近 300 元，实际剩余的住宿费和餐饮费并不多。这样，游客投诉的概率就会降低。而一些行程中的自费项目、注意事项等，前台员工应在出发前就向游客说清楚，这样也有助于导游带团及客户服务等工作的开展。同时，前台规范的工作流程，能够使业务操作人员和导游得到详细的游客资料，更好地做好服务工作。

5. 从公司层面分析

前台的服务和形象是旅行社竞争的重要内容。

目前，旅行社之间的竞争非常激烈，产品同质化严重，线路行程和标准雷同，争取更多的客源成为旅行社的主要竞争目标。而对于游客来说，虽然越来越多的旅行社提供了更多的选择，但是产品的同质化令他们难以选择。那么，前台的服务便成了游客选择旅行社的重要因素。所以，每个前台员工都必须充分认识到前台销售工作的重要性。

 情景实训

一、实训目标

要求学生了解和掌握前台销售的主要职责，更好地认识前台销售岗位，能够在未来的前台销售岗位上发挥更大的作用。

二、实训任务

认识前台销售的岗位职责的实训内容如表 1-1 所示。

表 1-1 认识前台销售的岗位职责的实训内容

实训内容	认识前台销售的岗位职责	实训时间	
实训小组		小组成员名单	
具体任务	以小组为单位调研当地旅行社情况，收集当地旅行社前台销售的资料，并进行归类；在班级进行分享交流		
作品提交	1）PPT 和打印稿各一份（小组合作完成） 2）展示报告：生生互评，组组互评（要求包含特色及优缺点分析）		

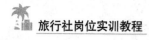

续表

实施过程	一、活动设计及规划 1）将学生分为两组，进行资料收集、分析并整理（注：每组仅负责其中一项内容） 2）各组推选代表展示成果，全体同学评价，小组之间互评 3）教师分析点评 二、活动实施 1）以学生为中心，将学生分为两组：第一组探究大型旅行社前台销售的岗位职责；第二组探究中小型旅行社前台销售的岗位职责 2）教师提出要求和注意事项，引导学生分析、思考、拓展 3）教师针对活动中存在的问题，及时纠正、点评

三、实训评价

认识前台销售的岗位职责的实训评价见表1-2。

表1-2　认识前台销售的岗位职责的实训评价

评价标准及分值	A等（9~10分）	B等（7~8分）	C等（7分以下）
前台概述准确（2分）			
岗位职责明确（3分）			
仪容仪表得体（1分）			
语言表达清晰（2分）			
团队协作能力强（2分）			
综合评价			

拓展阅读

康辉旅行社前台员工形象和工作纪律

"您的满意是我们的最高荣誉"是康辉旅行社的服务宗旨；"做游客的资深旅游顾问"是其前台员工的工作内容，每一个前台员工都必须深刻领会，并贯彻落实到一言一行中去。因为，前台员工的形象就是康辉旅行社的形象。

1）制服。前台员工必须严格按照要求穿着制服。穿制服的目的不在于漂亮，而在于统一。

2）胸卡。胸卡能够让游客了解前台员工的姓名，更有利于沟通。

3）个人卫生。前台员工应讲究个人卫生，面部、双手必须清洁。上班前不吃有异味的食物以保证口腔清洁、口气清新。

4）坐姿。前台员工应端正坐于服务台后，身体不得东歪西倒、前倾后靠，不得伸懒腰。当游客进入大厅走向服务台时，必须起立问好。

5）表情。脸上保持微笑是前台员工最基本的礼仪。面对游客时，要热情、亲切、真实、友好，做到精神振奋、情绪饱满、不卑不亢。

6）目光语。前台员工与游客交谈时要眼望对方、仔细倾听。

7）行为举止。双手不得叉腰、交叉胸前、插入衣裤或玩弄其他物品。在游客面前不得频频看手表。与游客交谈时不得流露厌烦、冷淡、愤怒的表情。前台员工在服务、工作、打电话或与其他游客交谈时，如有游客走近，应立即示意，以表示已经注意到他的来临，可同时提醒其他同事接待。不管有没有游客，前台员工都不得吹口哨、哼歌曲，不得高声谈笑。前台员工不得接打私人电话进行聊天，如确有要事，必须尽快结束通话。

8）称呼和交谈。前台员工与游客交谈时声调要自然、清晰、柔和、亲切，不要装腔作势。严禁讲粗口或使用蔑视侮辱性的语言。不得和游客开过分的玩笑。讲话要注意艺术和礼貌，多使用敬语。要注意称呼游客的姓氏。从游客手中接受任何物品要致谢。服务过程中暂时离开要对游客说"请稍等"。

前台员工必须按照公司的规定执行考勤纪律和其他纪律。

（资料来源：http://www.renrendoc.com/p-13925334.html.）

任务二　体验前台销售

案例引入

李强在新的学期进入旅行社实习，他被分配到前台销售岗位。有的同学说："前台不是应该漂亮女生去吗？不就是打扫卫生、端茶倒水、接接电话就行了吗？"

前台销售岗位真的这么简单吗？前台销售的工作流程到底如何？成为一名合格的前台销售应具备哪些能力？

知识准备

一、前台销售的准备工作

 读一读

中国国旅（江苏）国际旅行社有限公司的一则招聘信息

招聘岗位：旅行社前台接待

（1）主要工作内容

1）接待游客咨询，销售公司产品。

2）跟进服务游客、为游客提供各项增值服务。

3）维护公司门店形象，维护企业品牌形象。

4）领导安排的其他相关工作。

（2）要求

1）年龄20～35周岁。

2）身体健康，相貌端正，乐于与人交流，善沟通。

3）全日制大专及以上学历，旅游相关专业优先。

4）有旅行社门店及相关工作经验者优先。

5）有导游证优先。

6）有团队合作精神，服从企业管理，吃苦耐劳。

（3）工作时间

1）做五休二，严格按照国家有关工作时间的规定控制工作时间。

2）加班及节假日加班按有关规定发放加班费。

（4）待遇

1）基本工资（比照学历、从业年限等个人情况，转正后不低于 3000 元/月）。

2）绩效奖金。

3）五险一金。

4）过节费等职工福利。

前台员工每天上班前首先要检查个人仪容仪表和个人卫生；其次，检查前台区域的卫生情况，如发现脏乱现象，必须立即整理；再次，整理前台各种资料，使其整齐、整洁；接着，启动前台电脑，打开旅行社操作系统，浏览各业务部门近期线路的排期和客收情况；最后，打开自己的工作笔记，检查是否有需要处理的问题。

1. 接待室的环境

要提供给游客一个舒适、优雅的环境。

1）要有充足、柔和的光线，色彩既不单调又不复杂，给人以美好舒适的感觉，同时保持室内空气清新。

2）为了与游客的会谈顺利进行，室内应保持安静。

3）室内保持清洁卫生，窗户要明净、窗台无尘灰、窗帘无污损、桌椅无油污。不要因为小的疏忽而给游客留下不良的印象。

2. 前台员工的仪表

前台员工在整个接待工作过程中起着举足轻重的作用，时刻代表和影响着公司的形象。

1）应保持个人的清洁卫生。注意双手、面部、头发、口腔、脚部的卫生。

2）仪态是人的心理状态的自然流露，装扮要与自己的身份、年龄、性别相称。在着装上要大方得体。要进行适当的化妆，体现出对游客的礼貌和尊重。

3）面带微笑，真诚服务，让自己始终处于良好的心境状态，迎接游客的来访。有时可适当运用手势来增强感情的表达。

3．资料的准备

前台员工必须了解前台的各种工具及其使用方法；熟练掌握旅行社的产品和线路、价格、出团日期、成团人数、产品的优缺点说明，熟悉旅行社各部门的职能及联系方式等；定期整理更新产品手册；每天更新报价表，掌握最新报价。

二、前台接待游客的要点

 读一读

前台接待、咨询、销售和售后交接、建档

1）面带微笑，游客距离柜台 3 米处时，要礼貌问候；入座倒水，探询意向，适当引导；了解客户来访渠道并登记分析。

2）认真倾听游客出游意向或咨询，以诚信为原则推荐旅游产品，介绍线路，提供详细行程表。

3）尽力促成合同，做好资料归档工作；做好客户信息录入及资料审核工作。如不能满足客户需求无法签订合同，应当给游客留下名片或者联系方式以便游客后期联络。

4）熟悉合同条款，能够进行初步的合同审核。

5）合同签订后收款时需唱收唱付，并开具收款凭证。

6）与后台人员交接资料，与游客沟通出游方案；保管好票据与财务交接。

7）售后服务，电话回访及处理投诉（不满）；老客户维护。

在没有游客来访和电话咨询的情况下，前台员工应做好自己的业务工作，不准嬉闹或发呆。游客进入大厅后，前台员工应准备报价表，起立并面带微笑，在游客距离柜台 3 米时，及时向游客问好："先生（小姐、阿姨）您好！请问想要去哪里旅游？"游客落座后，其他同事协助给游客倒水。

如果游客抵达时，前台同事都在工作，必须由一位同事暂停工作，向游客打招呼，并请游客稍等，绝不允许出现游客没有人接待的情况。前台员工认真倾听游客的出游意向或咨询，向游客进行线路介绍和推荐。在游客表示感兴趣时提供详细行程表。如果游客的问题无法回答，应当回答："对不起，这个问题我不是很清楚，请您稍等，我请我的同事（经理）向您解释。"

游客对某团期的线路表示有兴趣时，需查阅旅行社内部报价系统或联系线路负责人落实线路是否可收。游客确定旅游线路后，为游客办理报名手续。

1）再次向线路负责人确认该线路的价格、出发日期、集中时间。

2）请游客提供身份证（或联系人身份证）或护照，请其他同事协助复印，并登记存档。

3）开具发票并收款（或公司财务收款）。

4）填写出团通知书，并要求游客在通知书上签名，留下其联系电话、地址，然后将通知书上的线路名称、出团日期、集中时间、天数向游客口述，同时提醒游客阅读通知书背面的报名须知和责任细则，并将部分重点向游客陈述。

5）与游客签订旅游合同书，提醒游客阅读（签合同前一定要和业务人员确认各种接待标准），并将重点部分向游客陈述解释，主要包括退团规定、保险情况、食宿标准、有无全陪、特殊要求等。对于一些需要特别向游客提示或者明示的线路，必须再次向游客说明，如果游客代替其他人报名，务必请游客转达。

6）请其他同事协助派送旅行用品，如旅行气枕、眼罩、耳塞和旅游帽、旅行包等。

7）协助游客将行程、合同、发票、出团通知书、部门经理名片等文件放进出团信封后交给游客。

8）游客离开时致谢："感谢您选择我们旅行社，如果您有什么需要了解，请随时给我们打电话。"

9）资料归档。首先，将团号、日期、人数录入动态板，游客资料写入名单表，报名资料录入电脑，并通知业务人员（如果游客由公司同事介绍，必须在名单表上注明）。其次，将资料放进文件夹中。再次，在自己的个人工作笔记上进行登记。最后，将游客坐过的椅子摆放端正。

三、前台电话接待的要点

 读一读

电话接听、咨询、销售和售后回访

1）面带微笑，声音甜美，语言标准化；电话铃响三声及时接听，并自报家门，使用规范的礼貌用语接听电话；结束谈话表示感谢，留下电话登记回访。

2）能够收集游客意向及信息，向游客推荐本社主推线路。

3）行程结束返回后，及时进行回访，并对下次出游意向做好登记。

前台员工在接听电话前必须熟记近期线路排期及价格表。同时，熟记各种详细行程的位置，公司目前主推线路，线路的排期、各条线路的基本情况，包括位置、气候、主要景点、主要特产、线路特点等。

游客在进行旅游咨询时，可能还没有具体的出游计划，或者已经向其他旅行社询过价。接听电话时要语气平缓，尽量收集游客的意向和意见，向游客推荐公司目前主推的线路。如果游客对价格有异议，应向游客解释价格所包含的内容、服务优势，尽量请游客留下联系电话或联系地址，并进行登记。如果是团体包团，必须了解游客意向，登记联系电话，然后务必进行联系。

四、维护客户的技巧

 读一读

客户维护要点

在与客户交谈中掌握客户需求，并能向产品部门提出有效建议，提升产品的市场竞争力，以满足客户需求。

对游客的出游意向进行登记、跟踪非常重要，定期向老客户推送热卖旅游线路，利用节假日对老客户通过电话、短信、微信等方式进行问候，有利于开拓老客户的出游动机，促成老客户的再次旅行。对老客户的跟踪状态可分为成行、取消、推迟等情况。

 **情景实训**

一、实训目标

要求学生对前台销售岗位的重要性和工作技巧有一定的了解。

二、实训任务

前台销售技巧的实训内容见表 1-3。

表 1-3　前台销售技巧的实训内容

实训内容	前台销售技巧	实训时间	
实训小组		小组成员名单	
具体任务	销售特色旅游线路产品		
作品提交	前台销售的技巧总结		
实施过程	一、活动设计及规划 1）进行分组，各组讨论接待服务和进行角色分配 2）对线路产品进行优势分析，与客户交流产品信息 3）按照接待程序进行模拟 4）各组互相讨论，师生共同点评		
	二、活动实施 1）教师提出要求和注意事项，引导学生分析、思考、拓展 2）教师针对活动中存在的问题，及时纠正、点评		

三、实训评价

前台销售技巧的实训评价见表 1-4。

表 1-4　前台销售技巧的实训评价

评价标准及分值	A 等（9～10分）	B 等（7～8分）	C 等（7分以下）
产品优势分析准确（2分）			
语言表达清晰（2分）			
接待程序流畅（3分）			
应变能力强（1分）			
团队合作能力强（1分）			
礼仪得体（1分）			
综合评价			

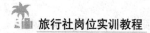 旅行社岗位实训教程

拓 展 阅 读

前台员工未来发展方向规划

　　说到前台岗位，很多人可能会认为前台岗位就是看颜值的，没有太多的技巧性可言，其实并非如此。虽然，前台岗位的技巧性不是特别强，但是如果能够结合自身的具体情况，为自己规划一条长远的发展道路，未来的发展可能是不可限量的。那么，前台员工的未来发展方向规划有哪些呢？

　　首先，客服总监。现在有很多的服务类企业已经将前台归属于客服部门，如果自己可以从前台岗位开始慢慢地发展，后期成为一个大型上市企业的客服总监也未必是不可能的。当然，要尽可能在前期前台工作开展的时候，学习与人沟通和交流的要点和细节。

　　其次，销售岗位。销售类型的工作岗位工资较高，而且通常来说，客户刚到公司时是由前台员工来接待的，前台员工的工作主要是负责客户与销售顾问之间的衔接，可以多观察销售人员是如何跟客户交流商品的，通过耳濡目染，使自己推销商品的能力有所提升。

　　我们常说，兴趣是最好的老师。在规划未来发展方向的时候，除了要重点考量跟前台岗位相关的岗位之外，也要沉下心来思考哪些工作种类是自己更为喜欢的。

任务三　小销售，大学问

📷 案例引入

　　李强想在实习中得到旅行社的认可，并力争取得优异的实习成绩，为毕业后找工作打好基础。那么，他应该在哪些方面做出努力？

✍ 知识准备

一、前台销售人员应具备的素质

　　通过前面两个任务的学习，我们认识了前台工作。那么，作为一个前台员工，应该具备哪些素质呢？在回答这个问题之前，我们必须问自己：①我真的认识了前台的工作了吗？②我是否决定成为一名前台员工了呢？如果答案都是肯定的，那么，你必须具备的素质或能力如下。

　　1. 好学与自学

　　之所以把好学摆在第一位，是因为前台员工必须是一个杂家，也就是说，面对不同的游客所提出的不同问题，前台员工都必须予以回答或者懂得如何去寻找答案。面对浩

瀚的知识海洋，唯一的方法就是好学。作为前台员工，必须经常性地进行自学，如学习一些业务知识、风土人情、历史地理、新闻时事等。可以通过向同事请教，也可以通过阅读书籍、网上查询等方式进行学习。

2. 热情周到

旅行社要求每个员工必须对游客主动和热情。因此，前台工作人员要性格外向、热情主动、真诚待客，绝不能冷落任何一个进入营业大厅的游客，绝不可以对游客的咨询不理不顾或者敷衍了事。前台服务要求使游客对前台员工的服务感到亲切和舒服，而达到这个要求的最有效的方法就是保持热情的态度和微笑的表情。

3. 耐心

耐心是一种美德。对待前来咨询的游客，前台员工必须保持不急躁和耐心的态度。如果自己非常忙碌，而同时又不能有技巧地尽快结束游客的咨询，可以让同事帮忙，但绝不能表现出不耐烦。

4. 细心

前台工作是团队操作的前奏，如果粗心大意，可能会导致业务做团、导游带团出现一系列错误。前台员工的细心必须在以下环节充分体现：一是游客特殊要求；二是游客名单和证件；三是游客联系方式；四是收费。

5. 沟通能力

前台是一个对客沟通部门。前台员工要有良好的沟通能力和沟通技巧。要让游客对自己产生良好的第一印象，接受自己的观点和产品，必须拥有良好的沟通能力。

（1）语言表达能力

前台员工的一个重要职责就是接听电话，把自己所希望传达的信息准确地传达给游客，因此需要有良好的语言表达能力。

（2）眼神的交流

与游客沟通时，如果眼神飘忽不定，或者抬头望天，即使有优秀的语言表达能力，也不能与游客进行良好的沟通。眼神交流有一个技巧：关系亲密看小三角（指两个眼珠到鼻尖的范围），彼此熟悉看中三角（指两个额头到下巴的范围），关系普通看大三角（指头顶到两个肩膀的范围）。与游客进行眼神交流时，一般应将范围控制在中三角。

二、前台员工必须掌握的知识

前台员工必须掌握一定的旅游知识，从而更好地接受游客的咨询和判断游客的消费。

1. 国内旅游

国内旅游指中国公民在中国境内（不包括港澳台地区）的旅游活动。目前，国内旅游是旅游的主要内容，公民旅游活动也是由国内旅游开始的。国内旅游有很多种分类，旅行社经常按照交通工具的不同，分为航空旅游、火车旅游和汽车旅游。目前的国内组团市场，航空旅游的产品占大多数，其次是汽车旅游，最后是火车旅游。而从人数来说，汽车旅游占多数。

读一读

青岛地区成团情况

一般来说，青岛地区周边、华东、河南地区一般是汽车旅游，火车旅游目前有北京、上海、西安等地。而其他地区一般为航空旅游。一般来说，航空团的成本受飞机票折扣的影响，而火车团和汽车团的价格相对更加稳定。青岛地区由于组团市场相对于北京、上海、广州等市场比较小，游客参团不集中，有些时间导致各旅行社游客不足以成团，故拼团成了一种比较常见的做法。

2. 拼团

拼团就是某家旅行社以一个中性品牌作为出团标志，各旅行社参团的游客共同组成一个团队，以降低成本，争取成团。这种做法一开始受到游客的抵制，但是随着这种做法的规范，以及组团社责任心的增强，游客逐渐接受了这种做法，但前提是组团社必须在游客报名时说明。

3. 购物

购物本属于旅游的一个内容，但是在几年前一种低报价的购物团的出现使旅游购物这个正常的项目变味儿了，并且引起了很多投诉和纠纷。此类问题比较突出的是云南游、海南游。出现这种情况的主要原因是旅行社降低报价，以及游客的消费心理不成熟。旅行社的对外报价基本就是机票的价格，而当地的地接价几乎为零。因此，导游带团时就会到购物点赚取佣金及通过加点赚取佣金，以抵回地接社的成本。当游客接受了一个很低的报价，去到目的地时，却发现那么多的购物和加点，自然会产生意见，很容易造成投诉等问题。旅游业在中国是一个正在发展的行业，在发展过程中肯定会有一些不尽如人意的情况，而游客的消费心理也在不断成熟，所以，更需要前台员工掌握娴熟的基础知识和服务技巧，提高服务的质量。

4. 游客消费行为

游客为什么要旅游、如何决定旅游时间、如何选择旅游路线、旅游的期望值是什么，这是前台员工必须了解的问题。在游客消费的模式中，有两种方式比较典型，一种是"需要—动机—行为"模式，这种模式的旅游购买行为产生于本身的旅游需要和旅游购买动机。例如，人们觉得工作累了，需要到马尔代夫度假，于是就产生了旅游消费。另一种是"刺激—反应"模式。例如，旅行社推出了特价线路，吸引了一些原来没有很强的旅游意愿的游客。

 读一读

影响游客消费行为的因素

影响游客消费行为的因素有很多，归纳起来有以下几种。

1）文化因素。文化因素包括价值观、审美观、宗教信仰和风俗习惯。

2）社会因素。社会因素包括社会阶层、相关群体、家庭等。

3）个人因素。个人因素包括年龄、性别、职业、健康状况、居住地、生活方式等。

4）心理因素。旅游消费者心理就是游客消费的决策过程。掌握和影响游客的决策过程，能够有效地提高销售额。旅游决策过程实际上是游客对自己面对的众多旅游机会进行选择的过程，当游客意识到自己的旅游需要时，他所沉淀的知识和信息使他感受到了各种旅游机会，而他对这些机会的主观评价则构成了一个逐渐过滤的过程，最终促成旅游决策。

5. 旅游决策

旅游决策包括个体游客决策过程和群体游客决策过程。

（1）个体游客决策过程

个体游客决策的主要内容：是否去旅游、选择什么方式去旅游、去哪里旅游、选择什么标准的旅游、参加哪个旅行社的团队、何时去旅游等。而决策过程则相对比较简单：旅游需要识别（确认自己确实需要去旅游）——旅游信息收集（从广告、网络到旅行社取得各种旅游信息资料）——旅游方案的评价（根据手头的资料，以及亲友提供的信息，进行判断过滤、评价）——决定和购买（到选定的旅行社参加选定的线路）——旅游体验和评价（旅游途中对旅游进行体验和旅游后对该旅游进行评价）。

（2）群体游客的决策过程

群体游客的决策过程比较复杂，体现在群体中各个个体的互动中。群体游客的决策过程包括：①个体需要的萌发，即群体中有某人提出要旅游；②共同动机的确认，即该提议得到了大家的赞同；③信息收集，群体指派某人或者某些人收集各旅行社的资料和行程；④方案的共同评价，大家对旅游的方案进行评价和修改；⑤旅游决策形成，取得了所有人一致或者大部分人一致的意见，旅游决策形成。

旅行社必须尽可能地提供详尽的资料，前台员工必须具备更丰富的基础知识，业务部门必须设计出更适合游客的线路，如此才能让游客在对信息进行评价时更倾向于该旅行社。在游客进行旅游体验和评价时，旅行社必须提供让游客更加满意的服务，游客只有在旅游体验中得到更多满意的体验，才能对产品做出真实、权威的评价，而这些评价

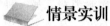

是游客进行第二次旅游消费的最重要的依据，同时，也是该游客周围的人进行信息评价时最重要的依据。

情景实训

一、实训目标

要求学生理解成为一名合格的前台销售应具备的素质，以及要具备这些素质需要做出的努力。

二、实训任务

成为一名合格的前台销售的实训内容见表1-5。

表1-5　成为一名合格的前台销售的实训内容

实训内容	成为一名合格的前台销售	实训时间	
实训小组		小组成员名单	
具体任务	自我评估，并进行职业能力分析，完成职业生涯规划的初步任务		
作品提交	职业生涯规划书		
实施过程	一、活动设计及规划 1）审视自我：引导学生用归零思考法，进行自我评估；创设情景，指导学生树立前台销售的职业意识 2）教师讲解专业的社会需求：指导学生收集信息、分析信息 3）职业能力分析：指导学生以表格形式将自己的各项能力方案细化，制订相应的远期和短期目标 4）教师适时指导点评 二、活动实施 1）教师提出要求和注意事项，引导学生分析、思考、拓展 2）教师针对活动中存在的问题，及时纠正、点评		

三、实训评价

成为一名合格的前台销售的实训评价见表1-6。

表1-6　成为一名合格的前台销售的实训评价

评价标准及分值	A等（9～10分）	B等（7～8分）	C等（7分以下）
自我评估准确（2分）			
职业能力分析准确（2分）			
职业目标清晰（2分）			
表达能力强（2分）			
团队协作能力强（1分）			
礼仪得体（1分）			
综合评价			

拓 展 阅 读

销售：你不可不知的心理学秘密

也许现在你正在准备做一名销售人员，又或许你已经是一名销售人员了，但扪心自问："什么是销售？"有些人认为："销售不就是卖东西吗？！"

话虽如此，但实际上并非如此简单。从销售工作的具体内容来看，每个销售人员从一开始找到客户直到完成交易，他所需要的不仅仅是细致的安排和周密的计划，更需要的是研究客户心理。甚至可以说，销售的过程其实就是客户对产品、公司从拒绝到接受、从排斥到认同的心理变化的过程。而要想让客户发生这个心理变化，就需要销售人员在与客户进行心理博弈的过程中，猜透客户的心思、赢得客户的信任、抓住客户的需求、引导客户跟着自己的思路走，总之就是要在这场心理暗战中占上风，用"心"来取得订单。从这个意义上来说，一个成功的销售人员也需要具有一些心理学知识。

一项调查结果显示，如果以一种周到的、符合客户心理的方式销售产品，那么该产品的销售成功率大约为 53%，而如果采用缺少心理技巧的一般销售方法，成功率只有24%；运用心理学的方法进行销售的品牌中，对低价竞争的有效抵御力高达82%，而运用一般销售方法进行销售的品牌中，只有10%的产品能够勉强抵御低价竞争。总而言之，心理学能够让销售人员花更少的时间和金钱销售更多的商品。而且更重要的是，如果销售人员能够很好地运用心理策略，那么客户也会更加忠诚。

人的心理千变万化，但通过大量的试验及经验总结证明，人类的心理活动也是有一定规律的，只要销售人员学会观察、学会换位思考，就可以轻而易举地获知客户的心理，如双方接近时客户的心理博弈、展示产品时客户微妙的心理变化、逐渐接受产品时所要排除的心理疑虑、磋商价格时的心理策略、成交时的犹豫心理、购买产品后的满意或不满意的心理状态等。

（资料来源：张弛，2015. 销售：你不可不知的心理学秘密[M]. 北京：煤炭工业出版社. ）

项目二 OTA 客服岗位

🌸 项目导读

随着电子信息技术的发展与应用，网络成为旅游业重要的营销渠道。截至2017年12月，我国在线旅游预订用户规模达到3.76亿人，较2016年年底增长7657万人，增长率为25.6%；在线旅游预订比例达到48.7%，较2016年提升7.8个百分点。网上预订火车票、机票、酒店和旅游度假产品的网民比例分别为39.3%、23.0%、25.1%和11.5%。在线旅游市场蓬勃发展，OTA快速发展，对OTA客服的需求越来越多。本项目将带领大家走进OTA，体验OTA客服所需的技能，掌握OTA客服的工作程序和岗位标准。

🌸 项目目标

1）了解OTA的类型。
2）理解OTA客服应具备的基本素质和能力。
3）掌握OTA客服专项技能。

任务一 认识OTA及OTA客服

案例引入

临近假期，王女士准备带儿子小明去北京旅游，她于是到旅行社咨询行程和报价。小明刚刚学习了 OTA 的相关知识，他表示网上有很多 OTA，可以货比三家。小明和王女士比较了各个网站的行程和价格，并且通过在线提问，得到了客服的解答，很快就下了订单。

OTA 是什么？你了解哪些 OTA？

知识准备

一、OTA 的定义

OTA，英文全称为 online travel agent，中文译为"在线旅行社"，是旅游电子商务行业的专业词语，指游客通过互联网查询相关的旅游产品信息，向旅游服务提供商预订旅游产品或服务，通过线上支付或者线下付费完成交易，并能对服务做出相应的评价，涵盖酒店、景点、交通等旅游服务供应商的在线旅游平台。

OTA 的典型特点如下。

1）OTA 是在线旅游中介服务商，即我们平常所说的旅行社，它们通过设计旅游线路，整合景区、交通、酒店及导游服务等旅游供应商资源，招徕游客，赚取中间差价和产品利润。

2）OTA 借助互联网资源、网络技术、呼叫中心等，提供在线咨询、在线预订、在线支付、在线评论等服务。

二、在线旅游市场的发展历程

在线旅游市场的发展可分为以下三个阶段。

（一）起步发展期：线上标准化预订服务（1997～2004 年）

1997 年，中国国际旅行社总社投资成立华夏旅游网。1999 年，携程旅行网（以下简称携程）上线运作，同年艺龙旅行网（以下简称艺龙）在美国特拉华州成立，这标志着中国的在线旅游业正式进入起步阶段。与同时期的电子商务、门户网站领域一样，我国的在线旅游完全复制了欧美国家的旅游业电子商务模式，以提供旅游资讯、机票代理预订、酒店代理预订等标准化产品为核心的在线旅游业一时间风生水起，一批"线上旅行社"相继成立，中国旅游业进入了线上旅行社和线下旅行社同台竞技的时期。

然而，受到接踵而至的互联网泡沫影响，加上同质化竞争严重、盈利模式不清晰，一批旅游网站未能跨越"死亡陷阱"。之后，经过分化整合及经营策略探索完善，以携程、艺龙为代表的旅游网站脱颖而出，它们逐步成为行业的风向标。

在互联网全面复苏期间，携程与艺龙相继于 2003 年、2004 年在美国纳斯达克成功上市，以此为标志，我国以线上预订旅游服务为核心的在线旅游业迎来了第一次高速成长与稳健发展期。

（二）成长分化期：在线旅游的垂直细分发展（2005～2012 年）

随着我国旅游行业的快速发展，国内旅游人数和旅游业总收入都进入了持续快速发展的阶段，在线旅游市场也得到了快速发展。这一阶段，以标准化的酒店、机票预订为主的在线旅游模式，急需寻求新的增长点，实现丰富和扩张，垂直搜索的进入恰逢其时。同时，随着智能手机的问世，移动互联网应用逐渐普及，以论坛、攻略形式实现的旅游社交化，不仅迎合了旅游市场消费者的需求，也通过产业链分解和领域细分为在线旅游市场开辟了新的蓝海。

在垂直搜索方面，在线旅游垂直搜索企业去哪儿网和酷讯网于 2005 年、2006 年相继成立，基于对国内航线、国际航线、度假路线、旅游景点、酒店的高覆盖率，开启了旅游信息的垂直搜索市场探索。对于当时线上预订模式居于绝对主导地位的在线旅游市场来说，垂直搜索模式的成功在于敏锐捕捉到了在线旅游市场用户需求的变化：中立、智能、综合的比较平台，对用户进行旅游产品选择和决策的作用日渐突出，借助便捷、高效的搜索技术对互联网上的机票、酒店、度假和签证等信息进行整合，进而为用户提供及时的旅游产品价格查询和比较服务。

在旅游社区和论坛方面，2005～2006 年，乐途旅游网、马蜂窝相继成立，以旅友的社交化需求为核心的旅游社区和论坛模式，为旅游业的专业化、个性化、定制化服务探索奠定了基础。乐途旅游网定位于为国内中等收入人群提供旅游目的地指南服务，主推原创内容，从启发旅游灵感开始，通过对用户兴趣的判断和理解，帮助用户发现有特色、有品质、有态度的旅游目的地产品和服务。马蜂窝定位于热爱户外旅行、钟情于自驾游、拥有专业的摄影技术的高质量旅游爱好者群体，社区以用户的旅游攻略、旅游问答、旅游点评等资讯为主，同时嵌入酒店、交通、当地游等自由行产品及服务，给无数自助游爱好者提供了方便快捷的旅行指南，受到了用户的普遍欢迎。

（三）整合集成期：旅游服务整合与生态圈构建（2013 年至今）

2013 年正是我国互联网普及率增长进入拐点的一年。伴随着智能手机、移动互联网的广泛应用和普及，2013 年我国互联网领域出现了第一波并购热潮：阿里巴巴入股新浪、百度收购 PPS 和 91 无线、腾讯注资搜狗、苏宁与联想战略投资 PPTV，这一切都被后来业界统称为"生态圈"。

2017 年，我国在线旅游市场交易规模持续增长，达到 8923.3 亿元人民币。随着旅游预订互联网化的持续深入，2017 年渗透率达到 16.5%，市场规模和渗透率不断创下新高。而 2017 年中国出境旅游人数达到 1.31 亿人次，国内旅游人数达到 50.01 亿人次。从 2011 年以来的发展趋势来看，国内旅游接待规模年均保持在 13.5% 左右的增长，国内旅游收入则保持在年均 19.3% 左右的增长。相对于整体旅游市场，中国庞大的人口基数，旅游市场发展空间巨大。

2017 年开始，大型综合类电商再次强势介入在线旅游领域。阿里巴巴、美团及腾讯在使用场景、用户数量和用户黏性方面各有所长，都具有非常高的综合实力，这些力量的介入，使在线旅游领域的平静瞬间打破，新一轮的角逐已经开始。

2017 年 12 月，同程网络与艺龙旅行网正式宣布合并成一家新的公司——同程艺龙，并在 2018 年 3 月完成了合并。2018 年 4 月，同程艺龙的高层决定，新的品牌不再独立开发同程艺龙 APP，而选择驻扎在微信小程序。同年 11 月 26 日，同程艺龙正式登陆资本市场，成为微信小程序第一股。除了在小程序层面的不断发力，同程艺龙还在不断强调"技术优先"发展理念，并给自己全新的定位，从传统的 OTA，转型为全新的 ITA（intelligence assistant，智能出行管家），也就是要做游客旅行过程中的智能管家。

2018 年 10 月，阿里巴巴旗下的飞猪宣布了"新旅行联盟"计划，联合全球旅行服务商、各国旅游局、阿里生态伙伴等优质生产力要素，以消费者为中心，开启数据智能时代的深度连接，构筑全链路连接的行业新生态。

各个年龄段消费者的旅游形态和偏好呈现多元化发展，这要求产品服务的供给注重多样化，讲究层次化。面对个性需求导向，定制游填补了跟团游和自由行间的空白，通过服务赋予定制游产品附加值，成为市场核心竞争力之一。途牛旅游 APP 上线"朋派定制游"品牌专区，使得移动端渠道拓宽。携程发布定制旅行平台升级版，2017 年定制游营收增长超过 200%。

线上及线下融合逐渐深入，探索"新零售"模式，实现供应、销售、服务渠道一体化，基于线上流量入口，背靠大数据支持，结合线下产品服务体验，加速布局 O2O（online to offline，在线离线）全渠道，对用户需求进行挖掘，提供高效优质产品服务，提高线上线下的转化率与成交率。携程旅行、去哪儿、旅游百事通三大品牌的门店数达 7000 多家，并将渠道下沉至三、四线城市，甚至是县级城市。途牛上线零售平台，引入垂直服务领域的优质商户，为用户提供精准服务。

2019 年 1 月 1 日《中华人民共和国电子商务法》（以下简称《电商法》）的实施对在线旅游企业的经营提出更高要求，也倒逼在线旅游企业更重视游客的评价。《电商法》明确将捆绑搭售、大数据杀熟、在线评论作假、刷单等在线旅游存在的突出问题纳入法律监管范围。针对"默认搭售"，《电商法》第十九条规定："电子商务经营者搭售商品或者服务，应当以显著方式提请消费者注意，不得将搭售商品或者服务作为默认同意的选项。"针对"大数据杀熟"，《电商法》第十八条规定："电子商务经营者根据消费者的兴趣爱好、消费习惯等特征向其提供商品或者服务的搜索结果的，应当同时向该消费者提供不针对其个人特征的选项，尊重和平等保护消费者合法权益。"针对"信息泄露"，

《电商法》第二十三条规定："电子商务经营者收集、使用其用户的个人信息，应当遵守法律、行政法规有关个人信息保护的规定。"第三十条规定："电子商务平台经营者应当制定网络安全事件应急预案，发生网络安全事件时，应当立即启动应急预案，采取相应的补救措施，并向有关主管部门报告。"对于"OTA垄断"问题，《电商法》第二十二条规定："电子商务经营者因其技术优势、用户数量、对相关行业的控制能力以及其他经营者对该电子商务经营者在交易上的依赖程度等因素而具有市场支配地位的，不得滥用市场支配地位，排除、限制竞争。"针对"在线评论作假"问题，《电商法》第三十九条规定："电子商务平台经营者应当建立健全信用评价制度，公示信用评价规则，为消费者提供对平台内销售的商品或者提供的服务进行评价的途径。电子商务平台经营者不得删除消费者对其平台内销售的商品或者提供的服务的评价。"由于旅游日益成为一个重要的消费场景，各级消费者协会对于旅游企业的"关注度""敏感度"也大幅升高。结合既有的旅游在线监督服务平台，将《电商法》的作用发挥出来，真正做到有法可依、执法必严。

三、OTA 的分类与融合发展

OTA 分为综合性在线旅游服务商、新兴在线旅游交易服务商和传统旅行社建立的网络平台，具体分类见表 2-1。

表 2-1　OTA 的分类

类型	代表企业	主要业务	盈利方式
综合性在线旅游服务商	携程、艺龙、同程网、欣欣网等	提供吃、住、行、游、购、娱等多方面在线旅游代理服务	佣金 产品销售差额 广告费
新兴在线旅游交易服务商	途牛网、驴妈妈旅游网、悠哉旅游网	提供在线度假旅游产品代理服务	佣金
传统旅行社建立的网络平台	芒果网、遨游网	旅行社度假产品在线交易服务	产品销售差额

OTA 向线下布局，线下旅行社向线上转移，构成旅游行业的全渠道布局。

传统旅行社最早对线下旅游进行资本渗透的当属 2006 年中国青年旅行社（以下简称中青旅）投资 3 亿元建设的乌镇旅游服务有限公司，至今经营状况良好。在传统旅行社向线上线下旅游进行资本渗透的过程中，影响比较大的是中国唯一上市的民营旅行社——众信旅游。2014 年，众信旅游以 6.3 亿元收购北京竹园国旅 70%的股权，同年又向悠哉旅游网提供不超过 6000 万元的委托贷款并收购悠哉旅游网 15%的股份，这是中国旅游业内线下传统旅行社与线上旅游业的首次资本结合。

传统旅行社巨头中青旅则投资 3 亿元建设在线旅游平台化、网络化、移动化升级项目，力争全面实现 O2O 化；向来以资金和资源著称的海航旅游投入 5 亿元人民币推出了在移动应用 APP 上主打周边休闲游市场的"易周游"，希望完成一个打通线上与线下的涉及休闲与泛旅游产业的商业图景。不论是众信旅游与北京竹园国旅重组，还是中青旅在线旅游平台的建设，海航旅游"易周游"的推出及海航投资凯撒谋上市，传统旅行社开始通过资本扩张的方式来加快资源的整合。

2014 年圣诞节前，去哪儿网战略投资了重庆海外旅业旅行社，成为重庆海外旅业旅行社的第二大股东。而重庆海外旅业旅行社下属全国性的旅游连锁机构——旅游百事通，目前在全国 20 个省份拥有超过 3500 家实体店。对去哪儿网来说，依托旅游百事通现有的 2 万家供应商网络，可打造出一个完整的线上到线下的交易闭环。

旅游企业的全渠道布局如图 2-1 所示。

图 2-1　旅游企业的全渠道布局

四、在线旅游产业链

在线旅游产业链是旅游产品依托互联网、移动电子商务等信息通信技术从设计、生产、在线交易到最终消费的传递过程中实现增值的链条，一般由上游旅游产品和服务供应商、渠道商、网络媒介及营销平台、用户组成。在在线旅游产业链中，上游产品供应商通过自建网站向线上用户、线下用户进行直销或通过批发商、OTA 向线上用户进行分销；批发商组织和批发包价旅游业务，一方面向线下用户分销包价旅游产品，另一方面向 OTA 和线上用户分销产品；OTA 作为渠道商之一，将产品直销或分销给线上、线下用户。网络媒介及营销平台为上游旅游产品供应商、渠道商和用户之间搭建产品交易、营销平台。

中国在线旅游产业链如图 2-2 所示。

（一）上游产品供应商

上游产品供应商作为在线旅游产业链健康运转的基础，为 OTA 等渠道商和用户提供各种旅游产品和服务。

在互联网和信息技术普及之前，航空公司、酒店、旅游目的地等上游旅游产品供应商的产品销售渠道比较单一，一方面是直接面向用户，另一方面是旅行社对基本旅游产品进行包装设计后再流向用户。传统的旅游产品流通时间长、市场反馈缓慢、生产者与消费者之间的信息极度不对称，对旅游产品的营销、推广和创新带来了很大的阻碍。随着网络经济时代的到来，包括旅行社在内的上游产品供应商纷纷建立自己的官方网站，打通在线直销或分销渠道，大大提高了销售业绩、降低了经营成本、增强了市场竞争力。

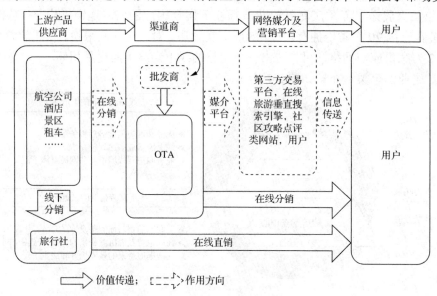

图 2-2　中国在线旅游产业链

（二）渠道商

渠道商处在在线旅游产业链的中间环节，衔接上游旅游产品和服务供应商与下游用户，起纽带作用，主要有在线旅游批发商和 OTA 两种。

1. 在线旅游批发商

旅游批发商又被称为旅游经营商，其业务模式是向渠道商和用户组织批发、零售现成的旅游产品或服务。旅游批发商与航空公司、酒店、交通部门、旅游目的地及其他相关部门合作，事先采办零散的旅游资源和要素，进而结合市场多元需求生产、组织、包装价格不同、风格各异的旅游产品和服务，最后直接或经过旅游中间商间接向用户销售。在线旅游批发商更多的是国内外传统旅游批发商开启的电子商务平台，通过网络将自己的包价产品在线分销给在线旅行社和用户。

2. OTA

OTA 是在线旅游渠道商之一，处于整个产业链的中间环节。OTA 以网络为主体，对上游旅游产品要素和信息进行整合、重组和设计，为旅游消费者提供在线查询、在线预订和在线交易（支付）等相关旅行服务。OTA 包括以携程为代表的综合性 OTA、专门做休闲度假业务的 OTA 和传统旅行社建立的网络平台三类。OTA 最重要的功能是实现旅游产品网上预订和支付。通过互联网技术的应用，OTA 在全国甚至世界范围内与旅游产品供应商和传统旅行社合作，随时为国内外用户提供丰富、多样化、个性化旅游产品选择。

（三）网络媒介及营销平台

网络媒介及营销平台是为线上和传统旅游经营企业提供网上服务，为消费者提供各类旅游信息，向旅游企业收取点击费、保证金、广告费等获取收益的在线旅游服务商，主要包括第三方交易平台和包括在线旅游垂直搜索引擎、社区攻略点评类网站、用户等在线旅游服务商在内的信息渠道商。

1. 第三方交易平台

第三方交易平台是指为在线旅游供应商、旅游批发商、OTA 等旅游经营企业提供一个网上交易平台，吸引在线旅游经营企业入驻，直接向线下游客提供旅游产品预订服务。从在线旅游供应商角度，借助第三方交易平台有以下几点优势：①第三方交易平台具有巨大的客流量，会产生巨大的客户和潜在客户；②第三方交易平台商拥有完善的网上营销体系、在线支付体系和网站管理体系，能够使在线旅游经营企业降低经营成本、提高效率；③在第三方交易平台商中，在线旅游经营企业能直接面对形形色色的消费者，获得客户消费信息，为丰富和创新产品、制定科学的发展决策提供依据，以应对瞬息万变的市场。但是在线旅游经营企业在选择第三方交易平台时会首先考虑其影响力、客流量，只有高人气才能为旅游经营企业带来更多的客户，获得规模经济。在电子商务交易过程中，第三方交易平台商在保证各交易主体的权利和责任上起着至关重要的作用，淘宝旅行、QQ 旅行、京东旅行是这类平台商的典型代表。

2. 在线旅游垂直搜索引擎

旅游业是信息密集型产业，互联网的介入为大量旅游信息快速、广泛、精确地传输提供了很好的契机，为旅游消费者提供在线旅游信息查询服务的在线旅游垂直搜索引擎应运而生，主要有去哪儿网和酷讯网。在线旅游垂直搜索引擎的出现对在线旅游业产生了极大的影响，改变了原有的在线旅游供应商、中间商、客户的简单产业链，也改变了传统预订网站的商业模式，打通了各在线旅游产业链参与主体之间的联系，使在线旅游产业链更为完善，给旅游产品服务供应商搭建营销平台的同时为旅游消费者提供了信息查询、筛选的便利工具。

3. 社区攻略点评类网站

体验性是旅游的一大特性，人们需要借鉴其他人的体验与经历帮助自己进行选择决策，社区攻略点评类网站满足了用户的这一需求。这类网站是社交网站与体验者推荐相结合的产物，以社交网站（social networking services，SNS）来渲染气氛，以用户生成内容（user generated content，UGC）吸引成员，增加成员互动性的同时，给更多潜在用户提供出行决策经验借鉴。社区攻略点评类网站可以让用户下载出游攻略、制订自己喜欢的旅游计划、分享休闲度假等产品的体验，是旅游行业的新亮点。旅游产品供应商需要了解用户的多元化、个性化的需求，用户也需要了解产品和目的地的相关信息和体验性，社区攻略点评类网站为两者搭建了平台。社区攻略点评类网站商业模式的本质就是将社交网站的旺盛人气与庞大的旅游需求结合，促成潜在旅游交易的实现。

（四）用户

用户处于在线旅游产业链的末端，旅游产品从生产、设计到用户消费完毕进行反馈，实现在线旅游产业链的闭合和价值生成。在线旅游产业链的核心功能是满足用户的需求，用户的需求是整个产业链存在和运作的前提。

五、OTA 客服的岗位职责

OTA 客服是 OTA 在售前、售中和售后服务方面的代言人。对于客户而言，OTA 客服的行为体现着整个公司的形象。好的产品配以好的客户服务，是当今社会企业制胜的关键所在。客户服务对于企业的运作和发展具有举足轻重的作用，所以 OTA 客服的责任重大。

具体来说，OTA 客服的岗位职责如下：①在线进行企业品牌推广、产品宣传促销；②在线接待客户的咨询，为客户导购，解答问题，促使成交；③处理 OTA 订单；④负责客户回访与跟踪维护；⑤与客户建立良好的联系，熟悉及挖掘客户需求；⑥销售数据和相关资料整理、分析、反馈、上报；⑦熟悉旅游平台竞争对手的产品和策划行为，定期进行调查；⑧配合完成其他相关工作。

六、OTA 客服的知识要求和素质要求

要想成为一名优秀的 OTA 客服，需要掌握相应的知识，具备相应的素质，见表 2-2。

表 2-2　OTA 客服的知识要求和素质要求

知识要求	素质要求
具有高中文化程度或同等学力	敬业精神和服务意识
了解服务心理学的基础知识，了解仪容仪表和社交礼仪知识	有涵养、有礼貌、快速接受新产品知识
了解本岗位工作职责、服务规范、保密规则及职业道德方面的知识	语言表达能力强、懂得一定的关系处理、能给客户信任感
了解我国及本地区的经济、社会发展和城市建设概况	头脑灵活、能够主动掌控话题并恰当解决问题
了解 OTA 客服的服务规程及一般产品知识	态度热情、积极主动、能及时为客户服务、有奉献精神、团队意识较强

情景实训 1

随着网络技术的蓬勃发展，线下转向线上已经成为旅游业发展的趋势。在线旅游市场成为旅游业最热门的领域，加上政策对于在线旅游市场的间接刺激作用，会带动在线旅游市场的快速发展。

一、实训目标

要求学生了解和掌握 OTA 的优势、劣势、机会和威胁，更好地认识 OTA，能够在更大程度上发挥 OTA 的作用。

二、实训任务

对 OTA 进行 SWOT[①]分析的实训内容见表 2-3。

表 2-3　对 OTA 进行 SWOT 分析的实训内容

实训内容	对 OTA 进行 SWOT 分析	实训时间	
实训小组		小组成员名单	
具体任务	以小组为单位调研各个 OTA 的情况，搜集相关资料，并进行归类；对各个 OTA 进行 SWOT 分析，在班级进行分享交流		
作品提交	1）PPT 和打印稿各一份（小组合作完成） 2）展示报告：生生互评，组组互评（要求包含特色及优缺点分析）		
实施过程	一、活动设计及规划 1）播放携程的宣传视频，创设情景，激发学生强烈的求知欲望 2）将学生分为四组，进行资料收集、分析并整理（注：每组仅负责其中一项内容） 3）各组推选代表展示成果，全体同学评价，小组之间互评 4）教师分析点评		
	二、活动实施 1）以学生为中心，将学生分为四组：第一组探究各个 OTA 的优势，确定展示内容；第二组探究各个 OTA 的劣势，确定展示内容；第三组探究各个 OTA 的机会，确定展示内容；第四组探究各个 OTA 的威胁，确定展示内容 2）教师提出要求和注意事项，引导学生分析、思考、拓展 3）教师针对活动中存在的问题，及时纠正、点评		

三、实训评价

对 OTA 进行 SWOT 分析的实训评价见表 2-4。

---

① SWOT 分析法又称为态势分析法，是一种能够较客观而准确地分析和研究一个单位现实情况的方法。SWOT 分别代表：strengths（优势）、weaknesses（劣势）、opportunities（机会）、threats（威胁）。

表 2-4 对 OTA 进行 SWOT 分析的实训评价

评价标准及分值	A 等（9～10 分）	B 等（7～8 分）	C 等（7 分以下）
S-优势分析准确（2 分）			
W-劣势分析准确（2 分）			
O-机会分析准确（2 分）			
T-威胁分析准确（2 分）			
团队协作能力强（1 分）			
语言表达清晰（1 分）			
综合评价			

情景实训 2

OTA 客服不仅要吃苦耐劳、责任心强、服务意识强、有良好的沟通能力，还要掌握一定的销售技巧，能较好地开展网络营销工作。

一、实训目标

要求学生掌握 OTA 客服需要具备的素质和技能，能够对自身的职业生涯进行设计。

二、实训任务

成为一名优秀的 OTA 客服的实训内容见表 2-5。

表 2-5 成为一名优秀的 OTA 客服的实训内容

实训内容	成为一名优秀的 OTA 客服	实训时间	
实训小组		小组成员名单	
具体任务	自我评估，并进行职业能力分析，完成职业生涯规划的初步任务		
作品提交	职业生涯规划书		
实施过程	一、活动设计及规划 1）审视自我：引导学生用归零思考法，进行自我评估；创设情景，指导学生树立职业意识 2）教师讲解专业的社会需求：指导学生收集信息、分析信息 3）职业能力分析：指导学生以表格形式将自己的各项能力方案细化，制订相应的远期和短期目标 4）教师适时指导点评		
	二、活动实施 1）教师提出要求和注意事项，引导学生分析、思考、拓展 2）教师针对活动中存在的问题，及时纠正、点评		

三、实训评价

成为一名优秀的 OTA 客服的实训评价见表 2-6。

表 2-6 成为一名优秀的 OTA 客服的实训评价

评价标准及分值	A 等（9～10 分）	B 等（7～8 分）	C 等（7 分以下）
自我评估准确（2 分）			
职业能力分析准确（2 分）			
职业目标清晰（2 分）			
语言表达清晰（2 分）			
团队协作能力强（1 分）			
礼仪得体（1 分）			
综合评价			

拓展阅读

探访亚洲最大 OTA 客服中心：携程的"万人部门"日服务 20 万人次

2017 年是 OTA 行业的转折之年。在群雄逐鹿的 2015 年和哀鸿遍野的 2016 年结束后，携程、美团、途牛等公司的高管们都在公开场合表达了对于战略转型的预判，那就是"行业的资源整合基本完成，靠烧钱补贴赚流量的时代就要过去，提升服务质量获得更高的复购率是关键"。为此，他们一致表示，要增强平台的服务能力，而客服中心作为公司和客户的连接枢纽，是整个服务链中的关键一环。

"OTA 的客服服务能力和所拥有资源成正比。"携程客服中心负责人告诉经济观察报记者，"目前阶段，客户对于 OTA 服务的最大诉求，主要为紧急情况求助、业务投诉与咨询等。"假设一人身处国外，遇到危急情况无法回国时，拥有更多航空公司资源、客运大巴资源、地接社资源的 OTA 就可以让游客安全回国。另外，游客遇到服务问题要投诉，体量越大的 OTA 对于上游供应商的服务把控能力也就越强，投诉被妥当处理的概率越高。这或许解释了，为何 OTA 只有做到规模化，才可以确保服务质量，客服中心才不会成为摆设。

有效的资源把控力为客服的功能性提供了保障，也加大了投入成本。与汽车巨头（如宝马、奔驰、大众）将客服外包相比，大部分 OTA 选择自营客服中心。携程的负责人表示，旅行业务咨询烦琐且复杂，自营保证了对服务的完全控制。

位于江苏省南通市的携程客服中心，占地约 8 万平方米，拥有超过 1.2 万个座席，是目前亚洲最大的呼叫中心，也是携程线上服务的重要组成部分，世界各地涉及旅游、酒店、交通等产品的咨询，全部汇聚于此。

体量庞大的客服中心，每年要投入几千万元的成本，但产出也无疑是巨大的。随着春运预售票高峰期到来，客服中心接入的电话量直线上升。据统计，2016 年春运期间，呼叫中心平均每天服务 20 多万人次，人均记录 1.5 万字，每位客服连续工作 10 多个小时。

此外，大数据中心和人工智能所带来的便捷服务日益凸显。携程线上"机器人"

的服务量，在机票售后及酒店售后客服总量的占比双双超过 70%，服务效率比传统电话客服最高提升 10 倍。在解放了线上部分工作量后，客服中心被赋予了新的作用，携程的客服负责人告诉记者，过去的电话客服解决的多是预订服务，如票务和住宿。随着互联网的普及和工作内容的转移，客服有时会去线下接机、紧急快递材料。

"尽管作为代理商，携程本身不生产交通、住宿、旅游等产品。但出现客户体验问题，不良印象还是会算在携程上。"携程品牌部负责人告诉记者，客户服务的高投入是必要的，这也是 OTA 的行业壁垒与核心竞争力之一。

此外，由于业务国际化的需要，携程也必须增加更多语种的服务功能。在客服中心，我们见到了 24 小时随时待命的英语、法语、韩语、日语等多个语言小组。

（资料来源：https://baijiahao.baidu.com/s?id=1590950163754241176.）

任务二　体验 OTA 客服

📷 案例引入

在学习了 OTA 的基本知识后，小明想要进一步了解 OTA 客服的内容，便在网上搜索 OTA 客服的招聘信息，其中有一条招聘信息写道："①负责 OTA 平台（飞猪、马蜂窝、去哪儿、穷游）在线旅游接待咨询、销售、订单处理及售后服务等工作；②挖掘并引导客户需求，依托公司产品提供解决方案，推进交易达成。"

短短两句话概括了 OTA 客服的工作。OTA 客服服务前的准备工作到底要从何处入手呢？在与客户沟通时，OTA 客服需要做什么？售后又需要怎么做呢？

📋 知识准备

一、OTA 客服服务礼仪

在服务准备阶段，OTA 客服应熟悉各个 OTA 主要的业务板块划分、主要业务范畴；熟悉各 OTA 针对的主要目标客户群体及客户群体的基本需求；熟悉旅游平台竞争对手的产品和策划行为，定期进行调查；及时收集、整理、完善产品的图片资料库，做到不侵权、不违规。在为客户提供服务前，OTA 客服应该掌握一定的服务礼仪，避免引起客户的不满，更好地为客户提供服务。OTA 客服遇到的情况及应对方法见表 2-7。

表 2-7　OTA 客服遇到的情况及应对方法

OTA 客服遇到的情况	错误做法	正确做法
客户问："在吗？"	回答："在。"	回答："您好，请问您有什么需要帮助的吗？"
客户到访后	反应慢，几分钟后才回答；打字速度慢，且有错别字	回复速度不能超过 30 秒，打字速度至少达到每分钟 50 字，并且不能有错别字
与客户对话中	语言生硬、不自然	用语规范，礼貌问候，做到亲昵称呼，让客户感觉到亲切、自然
客服人员回复第一句话后，客户不再搭理你	"您好，怎么不说话了啊？"	"您好，这里是××网站，请问有什么可以帮您？"
想要客户的联系方式	"你提供一个联系你的 QQ（微信）号。"	"您好，请问这个 QQ（微信）可以联系到您吗？"
客户同一问题重复提出	"这个问题我已经回答你好几遍了，你还不清楚吗？"	耐心回答客户，并总结原因，看自己所回答的是否是客户想要了解的，及时修正，给客户最满意的答复
没看懂客户的意思	"什么意思？"	"请问您说的是……吗？"
向客户解释清楚后，确认客户是否明了	"明白了吗？"	"请问我刚才的解释您是否明白？"
接待忙碌	长时间不搭理客户	发送微笑表情，或者说"对不起，请稍等"之类的话
无法回答客户问题	"我不太清楚。"	"您好，请您稍等，我去咨询下相关工作人员。"咨询得到答案后，回复："不好意思，让您久等了，您之前咨询的……"
客户责怪客服动作慢	"喂，不好意思，我是新手，不熟练啦。"	"对不起，让您久等了，我会尽快帮您处理。"
客户投诉客服态度不好	"喂，刚才不是我接待的啊。"	"对不起，由于我们服务不周，给您添麻烦了，您能否将详细情况告诉我？"详细记录客户投诉内容，并提交上级处理
对客户投诉，受理结束	"没事了吧。"	"很抱歉，××小姐/先生，多谢您反映的意见，我们会尽快向上级部门反映，并尽快给您明确答复，再见。"
客户提出建议	没有感谢和赞扬	"谢谢您提出的宝贵建议，我们将及时反馈给公司相关负责人员，再次感谢您对我们工作的关心和支持。"

读一读

OTA 客服的沟通技巧

1．常用规范用语

1）多用"请"。它是一个非常重要的礼貌用语。

2）善用"欢迎光临""认识您很高兴""您好""请问""麻烦""请稍等""不好意思""非常抱歉""多谢支持"等。作为客服，平时要注意锻炼自己的沟通能力，同样一件事不同的表达方式会表现出不同的意思。

2. 应尽量避免使用负面语言

客户服务语言中不应有负面语言，如"我不能""我不会""我不愿意""我不可以"等。

1）避免说"我不能"。当客服说"我不能"的时候，客户的注意力就不会集中在客服所能给予的事情上，他会集中在"为什么不能"和"凭什么不能"上。正确的回应："我们能够帮您做什么？"

2）避免说"我不会"。客服说"我不会做"，客户会产生负面感觉，认为客服在抵抗。正确的回应："我们能为您做的是……"

3）避免说"我不愿意"：客户会认为客服觉得他不该提出某种要求，从而不再听解释。正确的回应："我很愿意为您做。"

4）避免说"我不可以"：当你说"不"时，与客户的沟通会马上处于一种消极气氛中。客户会把注意力集中在"不能做什么"和"不想做什么"上。正确的回应：告诉客户我能做什么，并且非常愿意帮助他们。

5）在客户服务的语言中，要让客户接受自己的建议，告诉他自己这样做的理由；不能满足客户的要求时，也要告诉他原因。

二、旅游产品包装与上线

在相关部门设计好产品线路后，OTA 客服需要在熟悉、理解产品的基础上，对产品进行适当的语言文字包装，并且从图库中选择合适的图片，或者自己制作图片，对产品进行包装。在对产品进行文字和图片包装后，按照各大网站的后台录入规则，将成型的产品上线，要求完整、美观、重点突出。

标准的旅游产品范例，应该由以下三部分组成。

（一）产品特色提炼

每个旅游产品都有其行程安排的特色，其中包括各旅游服务要素的特色和旅行社组合的特色，以及安排的导游服务人员的能力等，都可以提炼为产品的特色。如果该产品还有为特殊人群单独设计的服务细节，也可以构成产品的特色。

（二）产品行程介绍

目前旅游产品的行程介绍过于单调死板，很少能给游客以美的感受。地接社的产品行程未向组团社的销售人员展示清楚产品的主要特点，只是进行简单的介绍。在设计产品时，应该充分考虑当地特色，选取有意思的、非常规的旅游景点。在介绍行程特点时，应突出该旅游产品与众不同的地方。

（三）服务标准介绍

服务标准的清晰化，有利于分清组团社、批发商、地接社、旅游各要素供应单位的责任，对于旅游企业的质量控制具有很大作用。

三、旅游产品的营销

产品销售是 OTA 客服的一项重要的工作内容。对客服务中的表现代表着 OTA 客服人员的素质，也代表着所在公司的形象。

在现代市场营销活动中，旅游产品营销渠道是否畅通，直接关系到旅游企业的生存与兴衰，是企业发展的重大问题。旅游产品是一种特殊的商品，具有季节性、无形性、生产与消费的异地性等特点，因而也就决定了旅游产品生产与旅游消费需求之间不可避免地存在时间和空间上的差异。如何解决这种差异并节约社会劳动，就需要营销渠道，即中间商发挥出将生产者与消费者连接成通道的作用。只有建立起完善的营销渠道，才能为企业提供方便的销售网络，使企业能够快速发布有关旅游产品的信息，及时受理并协助解决客户的投诉，在企业与消费者之间搭起一座沟通的桥梁。良好畅通的营销渠道，还能帮助企业进行促销活动，促使企业及时向消费者提供有用的咨询和建议，使消费者可以即时购买或提前预订旅游产品，从而实现消费者的购买行为。

（1）借助搜索引擎，做好网站推广

目前，中国网民常用的搜索引擎有百度、360 搜索等。在前期资金充裕的情况下，旅行社可以考虑通过购买这些搜索引擎提供的服务，进行关键字竞价排名推广，同时在做关键字竞价时，可通过冷门或者偏门关键字、长尾词，以及竞价时间段的选择等方面来提高竞价的效果，同时降低竞价成本。开展搜索引擎推广后，会发现网站流量有大幅的提升，日均访问用户节节攀升，这个时候需要考虑的是如何转化流量和提高用户的黏度。

（2）设置友情链接推广，拓展网站体验

旅行社建好旅游网站后，首先可以联系自己经常合作的知名景区、星级酒店、友好旅行社的网站进行网站友情链接的设置，这样既可以加强合作，也可以给对方网站带来流量。其次，可以通过提供旅行产品免费游、1 元秒杀、买一送一等活动和团购网（如美团网、大众点评网）、生活综合类网站（如 58 同城、赶集网）等开展线上活动，同时和这些网站做网站的友情链接设置。

（3）利用新媒体推广网站

通过目前流行的微信、微博等互联网交流工具，设立旅行社微信公众号、官方微博，定期发布旅游产品相关信息，针对季节或者节日，推出一些特价活动，加强与游客间的交流，同时推广旅行社网站。

（4）利用线下宣传做推广

在旅行社门店放置宣传册、散发旅游宣传页，在公司名片、旅行社赠送游客的旅行包、纪念品上，印刷上公司的旅游网址。节假日也可以和当地购物商城开展合作推广旅游网站，如在商场开展购物满 500 元，同时成功注册为旅游网站会员可免费赠送旅游线路的活动。

（5）开展微信营销，拓展潜在客户群体

微信的普及使黏性和社交、口碑传播成为旅游业用在营销开展上的天然基因。

1）传统旅行社经过多年的经营积累，有大量的老客户资源，这些资源是旅行社最宝贵的资源，旅行社可以通过 QQ、短信、微信等方式把旅行社的微信公众平台发送给他们，让他们关注，同时回馈老客户，使用微信预订享优惠等活动来刺激他们二次消费，通过老用户的广泛传播，带动新用户来关注。为发展新用户，旅行社可以把印有微信公众平台二维码的易拉宝放在门店，到店客户可以扫码关注，并通过网络传播来吸引新的用户加入。

2）对微信公众平台进行运营。经过一段时间运营后，微信公众号订阅用户在朋友圈的转发或推荐也是吸引新用户关注的渠道之一；对善于运营的旅行社来说，在产品线上合作的酒店、餐厅和其他地方也可以通过直接邮寄广告的方式进行引流，同时可以形成一个独特的产业资源整合。

（6）不断更新营销方式，创新旅游商品和服务营销手段

在国内的电子商务市场中，团购较为流行，旅行社可以在自己的官方网站增加团购频道，设计旅游产品和服务项目的组合，给游客带来优惠的同时，吸引新的网络用户的关注和参与。不仅可以提高网站的流量，还可以有效促进产品的销售。

此外，也可以使用邮件营销、论坛营销、博客营销，这些方式费用低廉，没有广告投资的风险，还可以增加用户的黏度，为广大用户提供便利，提高企业网站的运营管理水平。

四、售后数据分析

电子商务网站的转化率是当今企业电子商务网站的运营核心。通过对产品的转化率进行监控，能够发现问题并及时调整。

企业电子商务网站转化率就是指网站访问者中，有多少比例的人数做出了某项对网站有利的动作行为。计算公式为：转换率＝做出了有利动作的访问量/总访问量。这里的有利动作不一定只是网站产生了金钱的交易，而是一个范畴的东西，如访客对网址的收藏、对网站的二次访问、进行咨询、产生购买交易的行为和对网站的宣传等。

一般来说，企业电子商务网站转化率的提高有三个层次：一是将互联网的流量转化成企业网站的流量；二是将网站的流量转化成第一次购买量；三是将第一次购买量转化成为重复购买量。网站推广只能给网站带来更多流量，但我们更应该做的是如何提高转化率，将更多的流量转化为黏性客户，为企业创造效益。

影响企业电子商务网站转化率的因素有网站品牌、商品吸引力、客户服务、客户行为、用户体验、流量质量等。

五、投诉处理

客户服务对企业生存及发展的重要程度不言而喻。虽然各类型客户的需求日新月异，但是唯一不变的是对服务的要求在不断提高。后续工作也是相当重要的，在售后服务中，处理投诉是获得客户满意的关键。

如果从为客户服务的全过程来看，企业处理客户投诉应该是为客户提供服务过程的"终端"。企业有效和高效地处理客户投诉，不仅可以使客户的投诉得到解决，而且也是把客户的不满意转化为满意的一条重要途径。因此，处理客户投诉，应该成为客户创造价值的另一个特殊领域，同时也应该成为增强客户满意的一种有效手段。

投诉处理的步骤及目的见表 2-8。

表 2-8　投诉处理的步骤及目的

步骤	目的
聆听	了解客户的需求，从而获得处理投诉的重要信息
尊重	给足客户面子，平息客户的负面情绪
同情	对客户的遭遇和情况表示同情，获得好感
询问	找出问题所在，为提供解决方案收集信息
解释	澄清事实，提供解决方案
解决	满足客户的需求
增值	解决方案＞客户的期望值
记录	将各类反馈信息汇总分析，总结经验，汇报上级

面对客户投诉，OTA 客服应掌握一些处理技巧，具体内容如下。

（1）安抚和道歉

不管客户的心情如何，不管客户在投诉时的态度如何，也不管是谁的过错，OTA 客服要做的第一件事应该是平息客户的情绪，缓解他们的不快，并向客户表示歉意，还要让客户知晓公司将完全负责处理他们的投诉。

（2）快速反应

用自己的话把客户的抱怨复述一遍，确信自己已经理解了客户的抱怨，而且对此已与客户达成一致，并告诉客户自己愿想尽一切办法来解决他们提出的问题。

（3）移情

当与客户的交流达到一定境界时，OTA 客服会自然而然地理解他们提出的问题。

（4）补偿

对投诉客户进行必要且合适的补偿，包括心理补偿和物质补偿。心理补偿是指 OTA 客服承认确实存在问题，也确实给客户造成了伤害，并道歉。物质补偿是指通过实际行动解决客户遇到的问题，如经济赔偿。在解决了客户的抱怨后，OTA 客服还可以送给客户一些东西，如优惠券、免费礼物等。

（5）跟踪

解决了投诉后一周内打电话或写信给客户，了解客户对处理结果是否满意，可以在信中夹入优惠券。一定要与客户保持联系，把投诉转化为销售业绩。

六、OTA 客服的日工作

通过了解 OTA 客服的日工作，我们可以知晓其具体的工作内容。OTA 客服的日工作见表 2-9。

表 2-9 OTA 客服的日工作

时间	工作内容
9:00	登录微信公众号后台，查询前一日微信粉丝量（包含增减量）
	登录网站工作后台，查询是否有新的留言及建议，并及时做出回复，若有投诉，在回复客户之后，及时反馈到相关部门，做出相应整改
	登录 PC（personal computer，个人电脑）端官网、微博后台，查询并回复会员及粉丝留言，记录反馈并分享有价值信息至相关部门
9:20	具体执行部门晨会
9:30～12:00	登录网站工作后台，查询产品销售情况，如有新订单，及时与相关部门跟进确认
	确认取消的订单，查看其付费方式，根据订单中会员留存的联系方式与会员取得联系，礼貌询问其取消原因，了解其预订偏好，记录归档建议
	每个订单中都会有微信会员的联系方式，尝试与会员建立联系，收集会员的偏好和评价，并在系统中留存
13:00～17:30	关注各 OTA 变价情况，及时将变更价格更新至官网及官网后台
	查询会员积分情况，查询当日生日会员，与会员建立互动，给客户发生日祝福等
	及时更新官网及微博新闻信息，与公关部保持良好沟通，及时更新旅行社活动宣传材料及图片信息，遇节日或酒店需要推广的活动，制作相关微信及微博宣传推文
	实时关注其他旅行社、同行业贴吧、社团、平台、自媒体等公众账号，准确捕捉时事热点，以构成相应宣传素材
	关注并开发微信公众平台、微官网后台、PC 端官网后台及企业微博后台推出的新功能，结合各节日及酒店特色产品、优惠活动，制作微图文推送或 H5 动画展示
	关注旅游产品的每日预订量和有效转化率
	每周汇总网评（包括携程、艺龙、去哪儿）报表，汇总粉丝、会员增长转化量；汇总微官网订单量信息
	每周五下班前，做本周工作总结及下周工作计划，每月做月总结及下月工作计划
17:30	执行部门例会总结，梳理工作中存在的问题以便改进

情景实训 1

OTA 客服工作流程分为售前、售中、售后三个环节，每一个环节的工作重点不同。在服务前的准备工作上，可以清楚地看出其工作能力和思路。另外，还能够体现细心、用心、专心等诸多素质。可以说，工作技能上的差异，完全可以从服务准备中体现出来。因此，OTA 客服的服务准备的重要性不言而喻。

一、实训目标

要求学生了解 OTA 客服服务准备工作的相关内容。

二、实训任务

进行旅游产品的包装的实训内容见表 2-10。

表 2-10 进行旅游产品的包装的实训内容

实训内容	进行旅游产品的包装		实训时间	
实训小组			小组成员名单	
具体任务	做好服务前的准备工作，对旅游产品进行文字和图片包装			
作品提交	1）打印稿各一份（小组合作完成） 2）交流展示：生生互评，组组互评（要求包含特色及优缺点分析）			
实施过程	一、活动设计及规划 1）展示各个 OTA 的旅游产品，创设情景，激发学生探究兴趣 2）学生六人一组，分发旅游行程，进行图片收集、文字润色并整理（注：每组负责一个旅游产品） 3）各组推选代表展示成果，全体同学评价，小组之间互评 4）教师分析点评			
	二、活动实施 1）以学生为中心，六人一组，进行分工 2）教师提出要求和注意事项，引导学生分析、思考、拓展 3）教师针对活动中存在的问题，及时纠正、点评			

三、实训评价

进行旅游产品的包装的实训评价见表 2-11。

表 2-11 进行旅游产品的包装的实训评价

评价标准及分值	A 等（9～10 分）	B 等（7～8 分）	C 等（7 分以下）
旅游产品吸引性高（2 分）			
旅游产品要素完整（3 分）			
产品包装美观（2 分）			
应变能力强（1 分）			
团队协作能力强（1 分）			
礼仪得体（1 分）			
综合评价			

 情景实训 2

产品销售是 OTA 客服的一项重要的工作内容。对客服务中的表现代表着 OTA 客服人员的素质，也代表着所在公司的形象。

一、实训目标

要求学生掌握产品营销的专业技能、提供高质量服务。

二、实训任务

旅游产品的营销的实训内容见表 2-12。

表 2-12　旅游产品的营销的实训内容

实训内容	旅游产品的营销	实训时间	
实训小组		小组成员名单	
具体任务	对"情景实训1"中包装好的旅游产品进行营销		
作品提交	1）PPT 和打印稿各一份（小组合作完成） 2）展示报告：生生互评，组组互评（要求包含特色及优缺点分析）		
实施过程	一、活动设计及规划 1）播放视频，技能示范，激发学生探究兴趣 2）保持上个活动中六人一组的安排，进行实战练习 3）对各个小组的营销方式进行考察，对营销效果进行监测 二、活动实施 1）以学生为中心，学生六人一组，进行分工 2）思考不同的营销方式，进行实践 3）组织学生进行讨论，教师进行点评		

三、实训评价

旅游产品的营销的实训评价见表 2-13。

表 2-13　旅游产品的营销的实训评价

评价标准及分值	A 等（9～10分）	B 等（7～8分）	C 等（7分以下）
产品介绍准确（2分）			
营销策略解读准确（2分）			
营销效果好（3分）			
应变能力强（1分）			
团队协作能力强（1分）			
礼仪得体（1分）			
综合评价			

拓展阅读

年轻游客研究报告：2017 年八成用户选择在线预订

2017 年，30 岁以下的年轻游客占国际游客总量的 23%，市场规模高达 2800 多亿美元。千禧一代及 Z 世代①是旅游品牌的价值受众，了解其偏好有利于初步考量未来旅游业的发展趋势。

世界青年学生与教育旅游联合会每五年进行一项调研以评估 30 岁以下旅客对旅游时间和地点的选择。其最新报告《新视野第四辑》的调查范围涵盖了 188 个国家的 5.7 万名访客。报告发现，2017 年超过 80% 的 30 岁以下游客通过在线完成预订。年轻一代的消费者习惯使用电脑及手机资源，明显偏向于在线预订方式。

2008 年，70% 的青年旅行预订在线下旅行社完成；而在 2017 年，OTA 占据了主体地位，覆盖了 40% 的机票预订和 47% 的住宿预订业务。

《新视野第四辑》指出，千禧一代中拥有信用卡的大龄用户则更加偏向使用 OTA。

机票预订方面，26% 的受访者选择 Expedia，15% 的受访者选择 STA Travel，天巡占比为 12%，StudentUniverse 占比为 11%。住宿预订方面，Booking.com 的群众呼声最高，占比为 41%；其次为客栈预订网站 Hostelworld，占比为 32%；Airbnb 选择率为 15%；Expedia 为 3%。

目的地旅游活动市场则更加分散。25% 的受访者选择 GetYourGuide，其次为 TourRadar 和 Viator，分别占比 17% 和 16%。但 42% 的受访者选择去哪儿网、Expedia、TripAdvisor、携程等其他 OTA。

地面交通领域排名最高的 OTA 为 GoEuro（占比为 28%）、CheckMyBus（占比为 16%）和 Wanderu（占比为 7%）。但 48% 的受访者选择携程、Expedia、天巡、Megabus 和 Trainline 等平台。

1. 社交信息应用范围扩大

年轻旅客会对旅行做更多的规划研究。2002 年调查显示，受访者平均会使用 3 个信息源，这一数字在 2017 年升至 10.5 个信息源。

朋友和家人仍然是年轻游客最重要的旅游信息来源，但深谙数字科技的游客则更依赖于社交媒体或网站推荐。

宣传册、旅游指南、旅游局和旅行社等传统资源的重要性正逐渐降低。

2. 体验活动兴趣日益增长

调查显示，千禧一代和 Z 世代游客对体验活动的兴趣日益增长，并且非常愿意为此买单。37% 的受访者表示会为餐饮活动进行额外支付，其次则是活动或节日支出（占比为 27%），美术或表演艺术的选择者占 18%，极限运动则占 16%。排名最末的为传统奢侈体验，4% 的受访者选择购买头等或商务舱，6% 的受访者会付费获得更大的机上座位间距，10% 的受访者则会进行酒店升级。

报告称："针对千禧一代群体，为基本旅程加入独特的体验元素可能比开发高端产品更为有效。"

"证据表明，一些千禧一代的消费者则更加倾向于传统体验。千禧一代男性在头等

---

① Z 世代是美国及欧洲的流行用语，意指在 1995～2009 年出生的人。

舱上的花费几乎是女性的两倍。南亚地区的千禧一代在旅行中的花费则更为突出。"

2012～2017 年对相同活动的偏好选择调查显示，游客的平均参与度增长了 26%。增幅最大的项目则是"体验当地生活"，5 年间比例由 28%飙升至 51%。

报告称："独一无二的沉浸式旅行体验不再只是昙花一现的回忆，而是千禧一代和 Z 世代的社交货币。"

（资料来源：http://focus.lvyou168.cn/online_tourism/20180807/48135.html.）

项目三 计调岗位

项目导读

旅行社的发展往往取决于旅游计划的实施,而计划的实施在于计调的贯彻和执行。计调是旅行社的中枢,是旅行社完成地接、落实发团计划的总调度、总指挥、总设计。本项目将带领大家走进计调,了解我国计调的产生和发展,熟悉计调的分类和工作特点,掌握计调具备的基本素质及计调的工作程序和岗位标准。

项目目标

1)了解计调在我国的产生和发展。

2)熟悉计调的分类和计调工作的特点。

3)掌握计调应具备的基本素质和能力。

4)掌握地接计调的工作流程。

任务一 认知计调

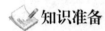 **案例引入**

王志今年考取了导游证，想找一份旅行社的工作。通过报纸，他看到北京昌运旅行社招聘员工，便去应聘。招聘人员表示，现在旅行社里计调人员短缺，问王志能否做地接计调。王志顿时语塞，在他的概念里，旅行社的主要员工就是导游，而对计调工作一无所知。

计调工作是做什么的？你了解计调吗？

知识准备

一、计调的概念

计调就是计划与调度的结合，是在旅行社内部专职为旅游团（散客）的运行走向安排接待计划、统计与之相关的信息并承担与接待相关的旅游服务采购和有关业务调度工作的一种职位类别。在从事国际旅游业务的旅行社中，计调通常又被称为 OP（operator），意为"操作者"。

计调是旅行社的基础岗位，也是核心岗位，是旅行社食、住、行、游、购、娱等服务项目的总策划、总设计和总指挥，是旅行社业务开展的命脉。

二、我国计调业务的产生与发展

我国旅行社计调业务是随着旅行社业务的发展而变化发展的。

1923 年，爱国人士陈光甫在上海商业储蓄银行设立的旅行部，是我国最早的旅行社。1927 年该旅行部独立，更名为中国旅行社。计调工作作为旅行社的基础性工作就随之产生了。

由于战乱和经济的不发达，我国旅行社数量极少，旅游事业无法扩大发展，旅行社计调业务发展缓慢。

中华人民共和国成立后，旅行社管理体制发生转变，旅行社业务开始市场化。计调业务也进入了全新的发展时期。我国旅行社计调工作随着旅行社的变化与发展经历了四个不同的时期，计调业务也呈现出不同的特点。

1. 附属时期

从 1949 年到改革开放，我国的旅行社属于政府的行政或事业单位，由外事部门统一管理，全面负责友好国家来访者、华侨归国和港澳台同胞来内地的接待工作。当时的计调工作主要就是为来宾订车、订房、订餐和提供一些委托代办服务,这些工作一般由接待部门的后勤人员担任,在旅行社内部处于附属地位。

2. 业务独立时期

从改革开放到 20 世纪 80 年代末,随着我国旅游业的迅猛发展,原来那种处于附属地位的计调工作越来越无法满足需要了,许多旅行社将计调工作从接待部门的后勤工作中独立出来,建立了专门的计调部门。计调部门对内要为旅行社各个部门提供接待的各项后勤保障服务,对外要与合作单位建立稳定的合作关系并代表旅行社与其签订协议。另外,计调部门还是旅行社的信息中心,负责把来自旅行社内外的众多信息进行整理、统计和传递。

3. 职能多元化时期

从 20 世纪 80 年代末到 90 年代初,旅行社开始着手完善其计划管理,计调部门在原有编制接待计划、联合合作单位等工作基础上,增加了为旅行社业务决策和计划管理提供信息、制订方案、进行可行性分析等工作,即在旅行社经营管理中担负起计划管理、质量管理和业务管理的职能。

4. 服务专业化时期

20 世纪 90 年代中期以来,旅行社规模进一步扩大,从而对计调业务的专业化也提出了更高的要求。计调部门除继续承担计划管理职能外,业务重心更多偏向于对分享旅游产品的统一调控和购买,以争取批量优惠,增强旅行社的市场竞争力。有的旅行社甚至将计调部门改为采购部门,专司分项产品采购工作,还有的旅行社在计调部门之外增设票务部门,既为本旅行社团队提供票务,也对外营业。这一时期,虽然旅行社计调部门的业务权限有所缩小,但计调业务其实得到了加强,过去一个计调部门做的工作,现在细分到多个部门运作,业务上更加专业化和细分化。

三、旅行社计调的分类

(一)按照业务范围分类

1. 组团计调

组团计调指负责为各类游客组织成团,安排接待计划,承担相关旅游服务采购和业务调度并整理记录相关信息的旅行社专职人员。

2. 地接计调

地接计调指根据组团社的合同要求,安排旅游团队的接待计划,承担相关旅游服务采购和业务调度,并整理记录相关信息的旅行社专职人员。

3. 专线计调

专线计调指专门从事某类或某种旅游线路,为旅游团队或散客安排接待计划,承担相关旅游服务采购和业务调度,并整理记录相关信息的旅行社专职人员。

4. 散客计调

散客计调指专门负责为自助或半自助类游客的出游安排接待计划,承担相关旅游服务采购和业务调度,并整理记录相关信息的旅行社专职人员。

(二)按照旅游目的地分类

1. 国内计调

国内计调指主要负责为国内旅游团队和散客安排接待计划,承担相关旅游服务采购和业务调度,并整理记录相关信息的旅行社专职人员。

2. 入境计调

入境计调指主要负责为入境旅游团队和散客安排接待计划,承担相关旅游服务采购和业务调度,并整理记录相关信息的旅行社专职人员。

3. 出境计调

出境计调指主要负责为出境旅游团队和散客安排接待计划,承担相关旅游服务采购和业务调度,并整理记录相关信息的旅行社专职人员。

四、计调工作的特点

1. 复杂性

计调工作的复杂性主要体现在以下三个方面:①计调工作涉及采购、接待、票务、交通及安排游客食宿等工作,内容复杂;②计调工作程序繁杂,从接到组团社的报告到旅游团接待工作结束后的财务结算,各项工作各有程序;③计调工作涉及的关系繁杂,计调人员与绝大部分的旅游接待部门有业务上的联系,协调处理这些关系贯穿计调工作的全过程。

2. 具体性

计调部门要收集本地区的接待情况并向旅行社其他部门预报,要接受组团社的接待要约并编制接待计划,还要监督检查团队运行情况,这些都涉及非常具体的事务性工作。

可以说，计调部门总是忙于采购、联络、安排接待计划等具体事宜。

3. 多变性

计调工作的多变性是由旅游团人数和旅行计划的多变性决定的。旅游团的人数一旦发生变化，就会影响到计调人员的工作。例如，要马上更改客房、车的预订等。此外，我国的交通和住宿条件尚不能完全保证满足预订的要求，无形中也给计调工作带来许多不确定的因素。

4. 时效性

旅行社计调人员在获悉游客或旅游团队的要求后，需要立即进行操作，包括制订线路、安排行程、采购各项服务、安排接待人员、与组团社或接待社联系等工作。计调工作对时效性要求很高，稍有延误就会影响与合作伙伴的关系和旅游团队的正常运行。

5. 创新性

计调工作最重要的内容是产品创新。旅行社产品的主体是旅游线路，包括吃、住、行、游、购、娱等相关内容。旅游产品设计是一项创新性工作，不能墨守成规，必须伴随游客消费习惯的改变和旅游景区变化的情况及时调整、更新，如此才能有效地占领市场。因此，计调工作本质上是一项创新性的工作，需要从业人员具有较强的创新思维能力。

 情景实训

一、实训目标

了解计调的主要工作内容，以确保行程、日程正常进行。

二、实训任务

计调的分类及主要工作的实训内容见表3-1。

表3-1 计调的分类及主要工作的实训内容

实训内容	计调的分类及主要工作	实训时间	
实训小组		小组成员名单	
具体任务	广东旅游团来山东旅游，第一站是青岛、第二站是威海、第三站是烟台、第四站是泰山、第五站是曲阜，此团是山东全线7日游，然后返回广东。整个过程由青岛某旅行社计调部负责接待。 1）从事广东旅游团在山东全线的游览事宜的操作人员属于哪种计调人员 2）走访旅行社，详细了解计调的分类及主要工作内容		
作品提交	提交调研报告		

续表

实施过程	一、活动设计及规划 1）根据布置的具体任务，自拟调研提纲 2）将学生分为四组，走访旅行社，了解计调的分类及具体工作内容 3）小组分工协作，对调研内容进行整理总结 4）小组代表汇报，展示成果，全体同学评价 5）教师分析点评
	二、活动实施 1）教师协助联系四家旅行社，落实安排 2）提出要求和注意事项，引导学生有针对性地完成任务 3）教师针对活动中存在的问题，及时纠正、点评

三、实训评价

计调的分类及主要工作的实训评价见表 3-2。

表 3-2　计调的分类及主要工作的实训评价

评价标准及分值	A 等（9～10 分）	B 等（7～8 分）	C 等（7 分以下）
旅行社介绍准确（1 分）			
调研提纲准确（2 分）			
计调的岗位职责明确（3 分）			
礼仪得体（2 分）			
团队协作能力强（1 分）			
整体介绍效果好（1 分）			
综合评价			

拓展阅读

琐碎而又重要的计调工作

　　春节前，某高校某系决定组织全系教职工出国旅游。经过比较，该系选择了 A 旅行社组织的"新加坡、马来西亚、泰国 10 日游"，双方签订正式合同，约定 1 月 12 日出发。1 月 12 日下午 2 时，40 位老师到达机场，在该团领队带领下办理出境手续时，领队突然发现由于外国使馆工作人员的失误，把签证的有效期写错，与该旅行团的行程时间不相吻合，而旅行社计调人员未能及时发现，致使旅游团无法如期出境。经过紧急协商，游客同意由旅行社重新办理出境手续，整个行程往后推迟 2 天。1 月 14 日，老师们持新办的证件顺利出境。旅行社全额承担了重新签证、改变行程等支出的费用，合计 3 万余元人民币。

　　由于计调人员工作马虎，未能及时发现团队签证的错误，最终影响团队出行，旅行社蒙受不必要的损失。由此可见，计调工作非常琐碎，工作一定要仔细，否则可能造成较大损失。

（资料来源：http://www.docin.com/p-1522104746.html）

任务二 走进计调

案例引入

海盟旅行社组团计调的招聘广告如下：

（1）岗位职责

1）负责完成旅游线路的设计、行程的编写、价格核算等工作。

2）完成好订房、订票、订车、订导游员、订餐等计调员的细化工作。

3）协助处理走团过程中遇到的各种问题。

4）及时了解客户的反馈意见。

5）负责与相关销售经理对接工作。

（2）任职资格

1）大专以上学历，1年以上相关旅游行业工作经验。

2）熟练掌握国内各旅游线路行程，掌握各线路价格。

3）熟悉各地旅游市场，与各地接社及导游有长期良好的合作关系。

4）工作细致、有责任心、有耐心，能够独立完成客户开拓工作。

5）普通话标准，为人诚实、性格开朗，富有亲和力，语言表达能力强。

请简单总结计调工作需要的能力。

知识准备

一、计调人员的素质要求

1．爱岗敬业

计调人员应该热爱本职工作，具备强烈的责任心和高度的敬业精神，把组织和集体的利益放在首位，持之以恒地把工作做好。

2．工作认真细致

计调工作涉及环节多、事物琐碎且环环相扣，只要有一个环节出问题就会造成连锁反应。对计调人员而言，接待过程中的任何一个细节，对游客而言都可能是大事。如果没有认真负责的工作态度，就很有可能导致票务、用餐、住宿、游览甚至导游服务的某一个环节发生疏漏，直接对行程造成重大影响。计调人员只有具有认真细致的态度，严谨负责的精神，才能胜任计调这一岗位。

3. 具有法律、风险意识

计调人员必须熟悉各项旅游法规，如《中华人民共和国旅游法》、《旅行社条例》、《导游人员管理条例》、合同方面的法规及酒店、公路铁路运输、民航、保险等相关业务法规条例，严格遵守各项法律法规，严格遵守旅行社财务制度及协作单位的各项规定，不牟取私利。同时，还应对合法规避法律风险的途径和方法有所了解。

4. 知识储备丰富

计调工作的工作性质和特点决定了计调人员必须具备丰富的知识，包括计调工作基本知识、史地文化知识、心理学知识、社交礼仪知识、社会风俗知识、市场营销知识等。只有这样才能设计出真正符合游客要求的旅游产品，才能提供游客满意的服务。

5. 业务熟练

计调人员必须熟悉旅行社的基本业务，包括产品开发、产品促销与销售、旅游接待、旅游服务与采购等，还必须熟悉旅游目的地国情况、接待单位实力及票务运作等业务。

6. 良好的心理素质

计调工作繁杂辛苦，与各种各样的人打交道，难免会出现问题和差错。计调人员一定要有充分的心理准备，遇到困难时要善于控制自己的情绪，冷静地处理，始终保持饱满的工作热情。

二、计调人员的能力要求

1. 较强的营销能力

旅游产品能否顺利销售出去，取决于一定的营销能力。计调人员应了解客户心理，抓住客户诉求，掌握一定的营销知识和技巧，促成其购买旅游产品的行动。

2. 精确的预算能力

计调人员应掌握基本的财务制度和成本核算方法，做到成本控制与团队运作效果兼顾。在保证团队良好运作的前提下，编制出最经济、成本控制最好的线路。

3. 良好的沟通能力和谈判技巧

计调人员大部分时间会与游客和旅游相关部门打交道，需要在相关单位采购各项服务产品，善于人际协调和沟通是做好计调工作的基本条件。在与合作单位洽谈时，既要合作愉快，又要频繁地讨价还价，为旅行社争取优惠的协议价格，争取获得最大的经济效益。这就要求计调人员具备较高的谈判水平、善于人际沟通，这样才能在获得最大利益的同时不伤和气，乃至实现双赢。

4. 熟练的电脑应用和文案写作能力

计调人员必须能熟练地使用电脑，利用互联网搜集信息，熟练运用各种办公软件，熟悉公文常用格式、构成要素和行文规范，会使用正式的书面语及旅游专业词汇表达方式。

5. 灵活的应变能力和团结协作能力

计调人员面对各类业务工作中的情况变化，如游客在旅游过程中的突发事件，要有灵活的应变能力和处理能力。计调人员应与旅行社其他部门工作人员及时沟通配合，借助团队的力量共同实现既定目标。

6. 学习和创新能力

旅游市场千变万化，计调人员必须认识到不断学习的重要性，认真了解旅游市场、旅游目的地的变化、地接单位实力的消长情况等，还要根据学习的收获，不断改进工作，跟上时代潮流的发展。

 读一读

诚聘优秀计调人员
——北京某旅行社的计调人员招聘条件

1. 薪酬福利

月薪（4000元）十提成（出团总额1%）、五险一金、双休、带薪年假、长途旅游。

2. 岗位职责

1）负责旅行线路的操作事宜、旅游线路的设计与制订、行程编写、旅游线路成本控制等。

2）负责国内外地接社/领队的维护及对接事宜。

3）负责对领队带队质量、财务、流程等进行监督。

4）在公司内部负责签证、票务、财务的对接及协调事宜。

5）制订并严格执行操作工作流程。

6）在保证产品质量需求的前提下，不断提高客户服务质量并降低采购成本，提高采购效率。

7）当出现游客投诉或发生意外时，负责与其他相关部门协调沟通，按公司原则与流程妥善处理。

8）与相关供应商保持良好的沟通与合作关系，不断主动开拓和优化供应商资源状况，为产品和销售人员提供支持。

9）对已有旅行产品持续进行管理、优化，提升用户体验，针对不同用户建立不同的解决方案，确定用户市场和定价策略。

10）制订产品宣传策略，协同相关部门进行产品推广。

11）负责搜集、整理与分析用户需求与行业情况，建立旅行资料信息库。

3. 任职条件

1）热爱旅行，并有不同的旅行经验。

2）对多元化接纳度高（不同人群不同文化）。

3）有计调工作经验。

4）能处理复杂及烦琐工作。

5）有带团经验。

三、计调人员必须掌握的基本信息

1. 线路信息

了解各条旅游线路的价格成本、特点及可以影响这些因素变化的原因，同时还要关注各条线路的变化和趋势。刚入门的计调人员最好从事一段时间的导游工作，并经常翻阅旅行社团队档案，对各条旅游线路和各个合作单位的相关信息做深入、细致、全面的了解。

2. 客户信息

了解客户需求和客户的基本信息，特别是在自己负责区域市场内的客户信息。建立广泛的人际关系，维护良好的客户关系，随时掌握客户的旅游动态。

3. 市场信息

及时查阅传真、邮件、QQ 留言、微信等信息，准确把握最新的市场信息和客户需求，第一时间与客户取得联系。

4. 导游情况

了解每个导游的年龄、外形、学历、性格、特长、工作经验、工作责任心及旅行社导游安排情况，以便为不同需求的游客安排最适合的导游。

四、地接计调必备的信息

1. 车辆信息

了解车辆的车龄、车型、车况、驾驶员的特点；车辆所属公司的情况、经营者的特点、经营状况的好坏、事故处理能力；各种行程、季节和路况下车辆的费用，每条线路车辆所需的油费、过路费，以及车辆按月缴纳的管理费的基本情况等信息。

2. 宾馆信息

熟悉宾馆位置、星级、硬件标准、软件管理水平、竞争情况、经营情况、经营者的特点，以及宾馆在不同季节的价格及变化情况。

3. 景点信息

了解地接社范围内所有景区的资源品位、特点、景点门票价格及折扣情况、自费景点、景区内观光车、索道的费用等，同时要特别关注不同客源地游客对这些景点的评价。

4. 合作者情况

熟悉和旅行社相关线路或者合作、联动线路的特点，下站或上站的操作情况，合作旅行社的特点、组团能力、竞争情况、通常报价内容、价格浮动状况、资金信用情况，以及长期合作团队的数量、质量。

5. 竞争对手情况

熟悉旅行社面临的竞争环境，尽可能多地了解竞争对手的特点、报价、操作方式、优势和劣势。

6. 导游情况

熟悉本旅行社导游管理模式，了解本社每名导游的年龄、外形、学历、性格、质量反馈、工作责任心、处理突发事故的能力、适合的团型及旅行社内部导游的安排情况，以便针对不同需求的游客做出最适合的导游安排。

7. 客源情况

熟悉所有客源情况及客源地接待社的状况、特点、竞争情况及信用程度。

五、计调人员必备的工具

1. 设备

（1）通信设备

计调人员常用通信设备包括固定电话和移动电话。通常情况下，电话应设置开通呼叫转移、来电显示、电话录音、微信等功能。另外，计调人员所用电话号码最好保持不变，以免影响业务。

（2）传真机

如果业务量较大，最好设置两台传真机（收、发各一台）。

（3）电脑

电脑是计调人员不可或缺的工作设备，条件允许的情况下，应配备平板电脑，以扩大工作的移动范围。电脑必须能够上网，并开通电子邮件、QQ 等网上信息交流工具。

2. 常用工具

（1）地图

常备地图册应包括世界地图、全国地图、各省地图、交通地图、网上地图及其他工作用专业地图。

（2）时刻表

铁路、航空、公路、航运时刻表等。要特别注意淡旺季、年度的新版时刻表，以及新增或临时加开、停运的交通工具时刻表。

（3）采购协议

组团社和地接社签订的房、餐、车、景点门票采购协议。

（4）各地报价

将各地报价按区域分类，并制作成计调便于查看的报价表。

（5）常用电话簿

常用电话簿应包括计调人员、经理、销售餐厅负责人、司机、导游人员常用电话号码。

六、旅行社计调岗位的基本职责

1. 落实团队计划

认真负责对外联络；发布落实旅游团接计划；根据团队游客的特点和要求，进行用车的调配、行程的安排、饭店的落实、票务的预订、景点的确认等事项，然后委派导游人员去执行。

2. 旅游产品、线路设计

根据各种旅游资源、各类旅游信息，进行旅游产品的初步加工；制订符合市场需求的旅游线路，并尝试开发引领市场的线路新品。

3. 服务项目采购和成本核算

通过与各类旅游企业，如宾馆、餐厅、铁路、航空、旅游景点、娱乐表演场所及其他地接社等建立采购关系，选择其中最理想的合作伙伴，向游客提供最佳的产品。成本核算是对产品设计成本、营销成本、销售成本、采购成本、接待服务成本及人力资源成本、管理费用的计算核定。其中，采购成本是影响直接成本的关键性因素。

4. 产品定价和对外报价

在成本核算的基础上，征求旅行社内部其他工作人员的意见，特别是导游人员的意见，根据市场需求制订合理的价格。根据情况的变化对旅行社推出的线路进行及时的价格调整，以便对游客的询价给予快速报价。

5. 审核报账

团队行程结束，通知导游人员凭接待计划、陪同报告书、质量反馈单、原始票据等及时向部门计调人员报账。计调人员详细审核导游人员填写的陪同报告书，以此为依据填制该团的费用小结单及决算单，经部门经理审核签字后，交财务部并由财务部经理审核签字，总经理签字后，向财务部报账。

6. 各类信息的收集

广泛搜集和了解不断变化的旅游市场信息、同行的相关信息，利用旅游淡季到各旅游景点及其线路进行踩线，掌握第一手信息资料。

7. 与其他部门的沟通

加强与旅行社其他部门的沟通联系，及时了解、掌握、分析反馈信息，然后进行消化、吸收和落实，提出更加合理的线路产品设计及价格。

8. 团队资料的归档和整理

按规定整理团队资料，做好归档工作。建立客户档案，包括客户单位、姓名、年龄、性别、住址、联系方式、身份证号码等，对重要客户需保存更为详细的资料，如兴趣爱好等。注意同行业务动态，对各种广告、宣传单建档保存并加以分析。

9. 签订旅游合同

为保证采购产品和服务的质量，计调人员作为采购代表，与许多旅游企业（如宾馆、餐厅、景点、铁路、航空和其他旅行社等）采取签订经济合同的形式来保持稳定的经济关系。

七、旅行社计调工作的核心

对计调工作而言，成本领先与质量控制是其两大核心。

（一）成本领先

计调人员要与接待旅游团队的酒店、餐馆、旅游车队及合作的地接社等洽谈接待费用，掌握着旅行社的成本。所以，一名合格的计调人员必须做到成本控制与团队运作效果相兼顾，即必须在保证团队有良好运作效果的前提下，在不同行程中编制出一条能把成本控制得最低的线路。在旅游旺季，计调人员要凭自己的能力争取到十分紧张的客房、餐位等，这对旅行社来说相当重要。

（二）质量控制

计调人员除了要细心周到地安排团队行程计划书外，还要对所接待旅游团队的整个行程进行监控。因为导游人员在外带团，与旅行社唯一的联系途径就是计调，而旅行社也通过计调人员对旅游团队的活动情况进行跟踪、了解，对导游人员的服务进行监管，包括对游客在旅游过程中的突发事件进行灵活的处理。所以说，计调人员是一次旅行的幕后操控者。在质量控制上，中小型旅行社十分需要高水平的计调人员进行总控。整合旅游资源、包装旅游产品、进行市场定位等都需要计调人员来完成。计调人员是市场的探测器，要懂得游客心理，具有分销意识及产品开发的能力。

情景实训

计调人员是导游人员的智囊团和后援。计调部是一个公司的核心部门，具有不可取代性。计调工作具有复杂性、灵活性和多变性。

一、实训目标

要求学生掌握计调岗位所需的素质和能力。

二、实训任务

设计计调人员招聘广告的实训内容见表3-3。

表3-3　设计计调人员招聘广告的实训内容

实训内容	设计计调人员招聘广告		实训时间	
实训小组			小组成员名单	
具体任务	青岛某旅行社想招聘 1～2 名计调人员，拟订一份招聘广告（包括职位描述、岗位职责、任职条件、联系方式等内容）			
作品提交	计调人员招聘广告			
实施过程	一、活动设计及规划 1）教师出示校园招聘广告，讲解招聘广告的要素 2）教师指导学生收集信息、分析信息 3）小组进行讨论，拟订一份招聘广告 4）教师适时指导点评			
	二、活动实施 1）生生互评，评出最有吸引力的招聘广告 2）教师提出要求和注意事项，引导学生分析、思考、拓展 3）教师针对活动中存在的问题，及时纠正、点评			

三、实训评价

设计计调人员招聘广告实训评价见表 3-4。

表 3-4 设计计调人员招聘广告实训评价

评价标准及分值	A 等（9～10分）	B 等（7～8分）	C 等（7分以下）
内容全面（5分）			
介绍清楚流畅（2分）			
有吸引力（2分）			
分工明确（1分）			
综合评价			

拓 展 阅 读

专业旅游计调必备的五大特质

计调工作具有较强的专业性、自主性、灵活性。专业旅游计调必备的五大特质如下。

1．人性化

计调人员在讲话和接电话时应客气、礼貌、谦虚、简洁、利索、大方、善解人意、体贴对方，养成使用"多关照""马上办""请放心""多合作"等谦辞习惯，给人亲密无间、春风拂面之感。每个电话、每个确认、每个报价、每个说明都要充满感情，以体现合作的诚意，表达工作的信心，显示准备的实力。书写信函、公文要规范化，字面要干净利落、清楚漂亮、简明扼要、准确鲜明，以赢得对方的好感，以换取对方的信任与合作。

2．条理化

计调人员一定要细致地阅读对方发来的接待计划，重点掌握人数、用房数，了解是否有自然单间、小孩是否占床等情况；抵达的准确时间和抵达口岸，并将核查中发现的问题及时通知对方，迅速进行更改。此外，还要了解人员中是否有少数民族或宗教信徒，饮食上有无特殊要求，以便提前通知餐厅；如果发现有在本地过生日的游客，记得要送他一个生日蛋糕以表庆贺。如人数有增减，要及时进行车辆调换。条理化是规范化的核心，是标准化的前奏曲，是程序化的基础。

3．周到化

订房、订票、订车、订导游人员、订餐是计调人员的主要任务。尽管事物繁杂缭乱，但计调人员必须时刻保持头脑清醒，逐项落实。要做到耐心周到，还要特别注意两个字。第一个字是"快"，答复对方问题不可超过 24 小时，能解决的马上解决，解决问题的速度往往代表旅行社的作业水平，一定要争分夺秒，快速行动。第二个字是"准"，即准确无误，一板一眼，说到做到，"不放空炮"。回答对方的询问，要用肯定词语，不能模棱两可，似是而非。

4. 多样化

计调人员要对地接线路多备几套不同的价格方案，以适应不同游客的需求，同时留下取得合理利润的空间。同客户讨价还价是计调人员的家常便饭。计调人员要善于运用多套方案、多种手段，以在变数中求得成功。

5. 知识化

计调人员既要具有正常作业的常规手段，还要善于学习、肯于钻研，及时掌握不断变化的新动态、新信息，以提高作业水平，不断进行自我充电，以求更高、更快、更准、更强。例如，要掌握宾馆饭店上下浮动的价位；海陆空价格的调整及航班的变化；本地新景点、新线路的情况，不能靠道听途说，应注重实地考察，只有掌握详细、准确的一手材料，才能沉着应战、对答如流，保证作业迅速流畅。

计调人员不仅要"埋头拉车"，也要"抬头看路"，以丰富的知识武装自己，以最快的速度从各种渠道获得最新的资讯，并付诸研究运用，只有这样才能在工作中游刃有余。

（资料来源：https://wenku.baidu.com/view/8814bof90242a8956bece43f.html）

任务三　体验地接计调

案例引入

广州某旅行社于 11 月 1 日组织某公司 16 人团队来青岛旅游，行程共计 4 天，要求青岛某地接社按照标准团队进行接待。地接计调需要做哪些工作？

知识准备

一、地接计调

通俗地说，地接计调就是掌握当地的食、住、行、游、购、娱六大要素价格、状况等因素，根据各要素的情况安排行程，并把行程和价格传送至组团社计调或业务人员手中的人。

二、国内地接计调的工作流程

国内地接计调的工作比较复杂、涉及环节较多，需认真对待每一个环节。

1. 接听咨询电话或接受询价

国内地接计调的工作一般是从接国内组团社、本社门市部、同业旅行社、本地游客的咨询电话和接收组团社询价开始的。

地接社的计调人员在接受询价时，一定要问清游客的人数、出行时间、行程线路要求、往返交通、接待标准及游客有无特殊要求（如风味餐、宗教禁忌等）等问题，并做好详细记录。对含混不清的事情要及时沟通清楚。客户询价一般通过电话咨询、微信、面谈的方式进行，因此计调人员在接听电话时要使用普通话，吐字清晰、声音洪亮，注意使用礼貌用语；回答客户问题时要有耐心，实事求是，不弄虚作假。

读一读

地接计调人员与组团计调人员就旅游团出行前期的电话沟通

组团计调人员："您好！请问您是青岛市××旅行社地接部吗？"

地接计调人员："是的，我是地接部小李，请问您是哪位？"

组团计调人员："我是广东××旅行社组团部计调员小张，我社11月1日旅游团要到青岛游览，请安排一下行程并且做出分项报价好吗？"

地接计调人员："好的，请告诉团队的大体情况及游客的要求。"

组团计调人员："人数是16＋1，日期是11月1～4日，往返四天，主要旅游景区为崂山、栈桥、八大关、五四广场、国际会议中心等。"

地接计调人员："请问是散客拼团还是单位独立成团？"

组团计调人员："单位独立成团。"

地接计调人员："请问住宿和用餐标准是什么？"

组团计调人员："住宿要求四星级酒店，位置要求在沿海一线，适合看海。餐费标准每人每天100元，早餐含在房费中，为自助。"

地接计调人员："正餐每人每次50元，围餐，八人一桌，十菜一汤。请问青岛当地用21座丰田考斯特，可以吗？"

组团计调人员："此团安排标准较高，21座丰田考斯特是可以的。"

地接计调人员："请问是青岛进出吗？11月1日大约几点接团？"

组团计调人员："是的，青岛进出。11月1日游客约12:30到达青岛，午餐不需安排，到达后直接游览。"

地接计调人员："好的，没问题。返程机票是需要我们订吗？"

组团计调人员："是的，返程订15＋1张机票就可以了。有一人需要在青岛留下开会。"

地接计调人员："好的。请问这个团队的性质是购物团还是纯玩团？"

组团计调人员："纯玩团，全程无购物。"

地接计调人员："好的，不过这样导游服务费和车费会相对高点儿。"

组团计调人员："没关系。"

地接计调人员："游客还有其他特殊的要求吗？"

组团计调人员："没有了，谢谢！"

地接计调人员："好，请稍等一会儿，我把行程及报价传真给您。请问怎么联系您？"

组团计调人员："我的办公电话：××××，手机：××××，传真号：××××，微信××××。"

地接计调人员："好的，记住了，我会尽快做好的。我的办公电话：××××，手机：××××，微信××××，如果有问题再随时给我打电话沟通。"

组团计调人员："好，谢谢！"

2. 旅游线路设计

1）如果组团社提供了旅游线路，就要仔细阅读并审核组团社的旅游线路，认为安排不合理或地接方面的特殊情况不可能实施的，要向组团社说明情况要求更改，并提出相应合理可行的建议。

2）如果组团社没有提供旅游线路，地接社计调就可以根据组团社客户的要求推荐旅行社现有的旅游线路。

3）如果组团社对现有的旅游线路不满意，可以根据游客的要求重新设计旅游线路。经双方协商同意后作为最终的线路。根据游客的要求重新设计的旅游线路和食宿情况，如表 3-5 和表 3-6 所示。

表 3-5　根据游客的要求重新设计的旅游线路

日期	景点	航班
D1（11 月 1 日）	栈桥、天主教堂、啤酒博物馆	广州/青岛（HU7275 9:20～12:30　）
D2（11 月 2 日）	崂山太清宫、极地海洋世界	
D3（11 月 3 日）	国际会议中心、五四广场、八大关景区、康有为故居、迎宾馆	
D4（11 月 4 日）	返程	青岛/广州（MU3377 8:20～11:25）

表 3-6　根据游客的要求重新设计的食宿情况

日期	早餐	中餐	晚餐	住宿酒店
D1（11 月 1 日）	酒店内	船歌鱼水饺	德式啤酒餐	黄海饭店
D2（11 月 2 日）	酒店内	渔家灯火	景福宫韩国料理	黄海饭店
D3（11 月 3 日）	酒店内	China 公社	鱼码头海鲜坊	黄海饭店
D4（11 月 4 日）				

3. 询价、内部计价、对外报价

国内地接计调需要根据已经确定好的旅游行程，向需要提供服务的酒店、车队等协作单位一一询价，以询价单的方式向对方询价，要求对方尽快回传确认。一般国内地接团队只需要询问房价、车价，餐费标准按组团社标准报价即可，景点门票与导游费用均有固定标准，把各协作单位的价格加起来，就构成了国内地接社的成本。在国内地接社总成本的基础上加上一定的利润之后就可以向组团社报价了。

地接报价包括的内容如下。

1）住宿费：体现每晚住宿价格、是否含早餐、每晚住宿位置、星级或宾馆新旧程度及宾馆的名称。

2）餐费：注明餐饮时间和餐费标准，如有风味餐需注明风味餐的价格，另外要根据不同地方的游客设计不同口味的菜式。

3）交通费：以旅游车为例，应体现旅游车座位数和整车的费用，并按照预报的人数计算出每个人的价格。另外，不管是往返大交通还是区间交通，甚至包括景点间的交通，在行程上最好标明班次、出发和抵达时间、交通的价格等。

4）景点门票费：注明每个景点价格及总费用，包括对内、对外价格，景区中需自费的小景点的票价，还要标明景点游览时间、游览线路。

5）导游服务费：以每人每天的均价乘以总天数来计算报价。

6）其他费用：游客需要提供的其他服务的费用。

根据计价的构成要素，地接计调还要询问旅游团抵达的时间和离站的时间及用房数量（以防出现单男单女的情况）。

 读一读

快速计价和报价

××旅行社计调部：

请对下面的行程要求给出一个报价。

1）游览景点：崂山太清宫、极地海洋世界、啤酒博物馆。

2）人数：20 人的国内游客。

3）住宿：三星级饭店两晚。

4）交通：市内交通空调旅游车。

5）导游人员：优秀地陪导游。

北京××旅行社

×年×月×日

内部计价方式如下。

1）门票。崂山太清宫（120 元/人）＋极地海洋世界（120 元/人）＋啤酒博物馆（30元/人）＝270（元/人）。

2）住宿。100 元/（人·天）×2 天＝200（元/人）。

3）用餐。80 元/人（2 早 2 正）。

4）交通。市内 30 元/人，长途汽车 80 元/人，接飞机 20 元/人。小计：130 元/人。

5）导游服务费。15 元/人。

合计：695 元/人。假设利税为 10%。

对外报价：695 元/人＋695 元/人×10%＝764.5（元/人）。

4. 确定旅游接待计划

当组团社与地接社之间就旅游行程和报价达成一致后，双方即进入旅游接待计划确认阶段，接待计划是地接社落实各项旅游服务的文字依据，是组团社与接团社的财务依据，是体现旅行社专业化、标准化程度的文本。国内地接社以传真方式向协议组团社发送团队接待确认单（图3-1），并要求对方书面确认。如遇变更，及时做出团队接待计划更改单，以传真方式向协议组团社发送，并要求对方书面确认。

青岛××旅行社与××旅行社团队接待确认单			
收件单位		发件单位	
收件人		发件人	
电子邮件		电子邮件	
电话号码	传真	电话号码	传真
您好！现将贵社来青岛旅游团队的行程及价格表传真给您。如无异议，请按照双方约定及时给予确认。若有异议，敬请及时沟通。谢谢！			
时间		人数	
行程	第一天		
	第二天		
	第三天		
报价	大人	小孩	
备注			
经办人签名： 地接社：青岛××旅行社（盖章） 年 月 日		经办人签名： 组团社：××旅行社（盖章） 年 月 日	

图3-1 青岛××旅行社与××旅行社团队接待确认单

5. 落实接待计划

当组团社发来团队确认传真后，地接社要向各接待单位一一确认落实，完成旅游服务项目的采购工作。

（1）落实用房

根据团队人数、要求，以传真方式向协议酒店或指定酒店发送订房通知单，并要求对方书面确认。主要内容包括房间数量、房间类型、是否含早餐、入住时间、入住天数、结算价格、团号、人数、结算人、联系人、联系方式、是否回传确认等项目。

如遇人数变更，需及时制出团队接待计划更改单，以传真方式向协议酒店或指定酒店发送，并要求对方书面确认；如遇酒店无法接待，应及时通知组团社，经同意后调整至同级其他酒店。

读一读

紧 急 更 改

青岛××旅行社李先生：

我社组织的团号为 BQZL-20180920 的一行 32＋1 人旅游团，原定于 2018 年 9 月 20 日乘 G185 次列车赴青岛，现因出票问题，名单上序号为 8、9、15、22、26 的 5 位游客及 1 位全陪，改乘 9 月 21 日 ZH 1569 航班抵达青岛，预计 8:45 抵达青岛流亭国际机场，请派车及导游人员接机并安排住宿。给贵社增添麻烦，请原谅。

谢谢合作！

北京××旅行社计调部　赵杨

2018 年 9 月 1 日

读一读

地接计调人员与饭店前台员工关于旅游住宿询价及预留的电话沟通

地接计调人员："请问是黄海饭店吗？"

饭店前台员工："是的，我可以为您效劳吗？"

地接计调人员："我是青岛××旅行社的计调员小李，11 月 1 日我社有旅游团将入住贵饭店，共 16＋1 人，请问还有房间吗？"

饭店前台员工："请告诉我，您的团队需要什么样的房间类型？"

地接计调人员："需要套房 1 间，大床房 1 间，普通双标间 7 间。"

饭店前台员工："请稍等！让我落实一下……还可以……"

地接计调人员："好的，请问是我们的协议价格吗？"

饭店前台员工："是的，我们是长期签约单位，价格保持不变。"

地接计调人员："谢谢！此团有导游人员 2 人（一位全陪为男士，一位地陪为女士），司机 1 人（男），安排两间普通双标间，请问怎么收费？"

饭店前台员工："司陪房价格是游客普通双标间价格的一半。"

地接计调人员："好的，非常感谢，请给我预留一下，我们会马上跟您传真确认。我的电话是××××，如果房态情况有变化，请及时通知我。"

饭店前台员工："没有问题，合作愉快！"

（2）落实用餐

根据组团社要求安排用餐，以传真方式向协议餐厅或指定餐厅发送订餐通知单，并要求对方确认。如遇变更，及时制出团队接待计划更改单，以传真方式向协议餐厅或指定餐厅发送，并要求对方书面确认。订餐通知单所体现的内容主要应包括用餐人数、用餐时间、餐费标准、是否含酒水、结算价格、导游人员联系方式、客源地等项目。

读一读

地接计调人员与餐饮销售人员关于旅游餐饮预订的电话沟通

地接计调人员："请问是船歌鱼餐厅吗？"

餐饮销售人员："是的，请问有什么吩咐？"

地接计调人员："我是青岛××旅行社的计调员小李，我社在11月2日中午，有旅游团在贵餐厅用午餐，人数是16+3人，餐饮标准是50元/人，您那里可以预订吗？"

餐饮销售人员："没问题，请问有什么特殊要求吗？"

地接计调人员："16位游客全是广州人，没有特殊要求，希望贵餐厅提供的午餐体现青岛海鲜饺子的特色。"

餐饮销售人员："好的，请放心吧，我们一定让游客品尝到美味的海鲜饺子。"

地接计调人员："麻烦您提醒厨师，要做足餐费标准，让游客觉得餐饮物有所值。"

餐饮销售人员："好的，没有问题。合作愉快！"

（3）落实用车

根据组团社要求安排用车，以传真方式向协议车队发送订车通知单，并要求对方书面确认。如遇变更，及时制出团队接待计划更改，以传真方式向协议车队发送，并要求对方书面确认。订车通知单所体现的内容主要应包括车型、车座、接团时间、发团时间、地点、车费、司机、导游人员及其电话、行程、注意事项等项目。

读一读

地接计调人员与旅游汽车公司调度人员关于预订旅游车的电话沟通

地接计调人员："请问是××旅游汽车公司吗？"

车队调度人员："是的，请问有什么可以为您效劳的？"

地接计调人员："我是青岛××旅行社计调员小张。有一个广州的旅游团于2018年11月1日到达青岛，在青岛游览4天，4日从青岛离开，想租一辆21座旅游车。"

车队调度人员："好的。请问需要订哪个档次的车？国产的还是进口的？"

地接计调人员："层次高一点的，最好是在两年之内的用车，而且车内配套设施齐全，司机服务到位。"

车队调度人员："没有问题，21座的丰田考斯特比较好，车内设施配备齐全，有麦克、电视、行李架等。"

地接计调人员："好的，谢谢！总计多少钱？"

车队调度人员："现在是旅游旺季，但是贵旅社跟我们公司是长期合作单位，全含3800元。"

地接计调人员："好的，在流亭机场送走团后，地陪导游人员付款，好吗？"

车队调度人员："好的。"

地接计调人员："请先预留吧，我尽早跟您传真确认。"

车队调度人员："好的，谢谢！合作愉快！"

（4）落实游览活动

国内地接计调人员根据接待计划及时落实游览活动，如遇变更，应及时做出调整，要求对方书面确认。

 读一读

地接计调人员与旅游景区销售人员就游客所需景区门票事宜的电话沟通

地接计调人员："您好，请问是崂山太清宫景区销售部吗？"

景区销售人员："是的，请问您是哪位？"

地接计调人员："我是青岛××旅行社的计调员小李，后天将有一个16人的广州旅游团队来青岛旅游，其中要去贵景区参观游览。"

景区销售人员："非常欢迎。具体时间能定吗？"

地接计调人员："如果计划不变，11月2日上午九点左右到达贵景区。想提前预约一下门票。"

景区销售人员："好的，请放心，保证没有问题。"

地接计调人员："谢谢您，如果有变化，我会提早告诉您。"

景区销售人员："谢谢！合作愉快！"

地接计调人员："谢谢！"

（5）返程交通预订

组团社没有落实返程交通，需要接待社落实返程交通时，接待计调就要仔细落实并核对计划，向票务人员下达订票通知单，注明团号、人数、航班（车次）、用票时间、票别、票量，并由经手人签字。如遇变更，应及时通知票务人员。飞机票预订单和火车票预订单分别如图3-2和图3-3所示。

飞机票预订单					
团号		国籍		组团单位	
乘机日期		航班号		去向	
	成人	2～12周岁儿童		2周岁以下儿童	
单价					
合计					
总额				开票要求	
订票日期		订票单位		订票人	
联系日期				售票经办人	

图3-2 飞机票预订单

火车票预订单					
团号		国籍		组团单位	
乘机日期		车次		去向	
	成人	1.2～1.5 米及以下儿童		1.5 米以上儿童	
单价					
合计					
总额				开票要求	
订票日期		订票单位		订票人	
联系日期				售票经办人	

图 3-3　火车票预订单

6. 编制团队运行计划

团队运行计划由团队基本情况（含个性要求）、日程安排、成员名单三个部分组成。

（1）团队基本情况（含个性要求）

团队基本情况和要求包含旅游团队名称、团号、组团社名称、团队人数、团队类别（考察团、疗养团、会议团、观光团等）、团队服务等级（豪华团、标准团、经济团等）、自订和代订项目、住宿要求、膳食要求及标准、对地陪的要求、全陪信息、特殊要求备注等内容。

（2）日程安排

日程安排包括游览日期、旅游线路、游览景点、游览日期、出发城市、团队抵离时间、班次和机场（车站、码头）名称、住宿情况、游览活动时间安排、用餐安排、文娱活动时间安排、其他特殊要求等内容。旅行社团队运行计划表如图 3-4 所示。

旅行社团队运行计划表		
××旅行社（印章）	编号	年　月　日
团名：	人数：	组团社：
旅游线路名称：	行程共计：　　　天　　　夜（含在途时间）	
出发日期：	出发地点：	
途经地点：	目的地：	
结束日期：	返回地点：	

图 3-4　旅行社团队运行计划表

1）行程与标准。行程与标准如表 3-7 所示。

表 3-7 行程与标准

行程时间	主要景点名称 （游览时间/小时）	交通工具标准	酒店标准	房间标准	其他活动
月 日					
月 日					
月 日					

2）用餐标准。用餐标准如表 3-8 所示。

表 3-8 用餐标准

早餐	次，标准 元/餐/人；
正餐	次，标准 元/餐/人；（含 菜 汤）

3）购物安排。购物次数原则上每日不超过＿＿＿次，每次停留时间不得超过双方约定时间。购物安排如表 3-9 所示。

表 3-9 购物安排

日期	购物场所名称	停留时间/时	日期	购物场所名称	停留时间/时
月 日			月 日		
月 日			月 日		
月 日			月 日		

4）住宿时，如遇单人住宿或房间标准与原计划有异。

住宿差价的解决办法：

5）如因人数不足无法单独成团。

本社将按与游客约定的行程计划与旅行社签订委托发团合同。

6）如遇不可抗力或 2/3 以上游客的要求，本社带团导游人员有权临时调整行程。

7）自费项目提示及其他注意事项。

（3）成员名单

成员名单要有游客姓名、性别、年龄、身份证号及分房要求，如果是 VIP，还需注明游客的身份，以及有无特殊要求等。团队成员名单如表 3-10 所示。

表 3-10 团队成员名单

序号	姓名	身份证号	备注（儿童及特殊身份）
1	王××	370××××	
2	李××	370××××	儿童
3	赵××	370××××	70 岁以上

7. 选派合适的地陪导游人员

目前，地接社中地陪导游人员的选派工作一般由地接计调人员负责。计调人员应本着高度负责的态度，认真选拔地陪导游人员。对特别重要的团队，除选派优秀导游人员外，旅行社相关领导还应直接参与接待，总经理甚至可以直接担任导游人员。

地陪导游人员选定后，地接计调人员要通知导游人员到旅行社领取团队接待计划单、协议单、签单表、质量监督表、全陪书等资料。然后，地陪导游人员进行接团前的物质准备、知识准备和情感准备。

8. 团队跟踪

导游人员独自带团在外流动作业，计调部门和接待部门很难对接待质量进行有效控制。旅行社应重视加强接待阶段的监督控制，地接计调人员应与导游人员保持紧密的联系，时刻把握团队动向，及时解决团队运行中出现的问题。

9. 团队后续工作

（1）审核账单

团队行程结束，计调人员应通知导游人员凭接待计划单、账单、签单表、带团电子行程单（图 3-5）、服务质量跟踪调查表（图 3-6）、原始票据、带团总结等及时向计调部门报账。计调人员应审核账单，经由部门经理和总经理签字后到财务部门报账。

导游人员带团电子行程单										
团号：			保险：							
组团社					领队/全陪					
人数				客房数			客源地			
抵达				地点			航班/车次			
离开				地点			航班/车次			
地接社		导游人员		汽车公司		汽车牌照		驾驶员		
日期	地点	前往地	游览行程	交通	早餐	午餐	晚餐	住宿	购物	自费
月 日										
月 日										

图 3-5 导游人员带团电子行程单

旅行社服务质量跟踪调查表				
团名		人数		全陪	
地陪		车号		驾驶员	
游客意见	非常满意	满意	基本满意	不满意
日程安排				
导游服务				
餐饮安排				
住宿安排				
购物娱乐安排				
旅游安全				
意见及建议				
备注	1）为了切实保护游客的合法权益，加强对旅游经营者特别是导游人员的监督管理，特别制定本表 2）团队抵达时，由导游人员将本表分发给每位游客 3）导游人员不得随意更改团队运行计划 4）游客如对表中所列项目不满意，可向各级旅游执法（质监）机构投诉。投诉电话：96927			

图 3-6 旅行社服务质量跟踪调查表

（2）核算利润

核算利润也是计调人员的一项基本技能。如果此团运作获得的实际利润和最初报价的利润比较接近，说明当初的报价比较准确；如果差别较大，要仔细分析，找出问题所在，为今后的工作积累经验。

（3）结账

地接计调人员与组团社计调人员或者自组团领队就团队实际发生的具体费用进行核对，并将团队结算单传真给组团社或者自组团领队，双方结账。如果组团社有尚未付清的团款，应及时催缴。

（4）处理好表扬与投诉

旅行社尤其是计调人员必须重视游客的表扬与投诉，要把游客对于导游人员的评价与导游人员收入、晋升、去留密切结合起来，使之成为优胜劣汰的考核标准。及时处理游客的表扬和投诉，有利于旅行社员工在工作中扬长避短，不断完善旅行社接待工作的管理和服务质量。

（5）总结和文件归档

团队结束后，计调人员应根据团队情况写出团队总结，及时总结经验找出不足，以改进工作。同时，计调人员应将接待计划等资料作为原始资料归档收存，保存好组团社或者自组团的资料（旅行社或游客单位名称、电话、联系人、地址等），以便于回访和维护客户。

（6）回访

团队返回客源地以后，地接计调人员还应主动及时回访组团社或游客，及时收集反馈意见，对团队运行情况和导游服务质量进行评估，以提高旅行社的工作实效。

旅行社岗位实训教程

 情景实训 1

教育部规定将研学旅游纳入中小学生必修课程，旅行社在组织人员、落实食宿行方面有着天然的优势，有经验的导游人员对团队移动的操控、对应急事件的处理都非常专业。如何依托好旅行社这样一个优质的资源，使游与学充分融合，这是旅行社与教育部门需要共同探索的课题。

一、实训目标

要求学生了解研学旅行。

二、实训任务

设计省内研学旅游线路的实训内容见表 3-11。

表 3-11　设计省内研学旅游线路的实训内容

实训内容	设计省内研学旅游线路	实训时间	
实训小组		小组成员名单	
具体任务	以小组为单位收集本省地接资源，如酒店、餐饮、景区、交通等，调研学生群体的旅游需求，设计一条两日游的研学旅游线路，对设计的线路进行报价，并建立微信群，发布设计的线路		
作品提交	研学旅游线路（小组合作完成）		
实施过程	一、活动设计及规划 1）出示"敦煌研学营"活动线路，激发学生强烈的求知欲望 2）将学生分为三组，进行资料收集、分析并整理 3）展示成果，全体同学评价，各组微信群互评 4）教师分析点评 二、活动实施 1）以学生为中心，将学生分为三组 2）教师提出要求和注意事项，引导学生分析、思考、拓展 3）教师针对活动中存在的问题，及时纠正、点评		

三、实训评价

设计省内研学旅游线路的实训评价见表 3-12。

表 3-12　设计省内研学旅游线路的实训评价

评价标准及分值	A 等（9～10分）	B 等（7～8分）	C 等（7分以下）
资料收集全面（2分）			
报价合理（3分）			
信息发布有吸引力（3分）			
分工合理清楚（2分）			
综合评价			

情景实训 2

行程设计和分项报价是计调人员的重要工作，一个好的计调人员必须做到成本控制与团队运作效果相兼顾。计调人员要对旅游市场、各旅游目的地的变化、各地接待单位实力的情况等有所了解；按季节及时掌握各条线路的成本及报价，确保对外报价的可靠性、可行性及准确性。

一、实训目标

要求学生练习报价技巧，学会分项报价。

二、实训任务

行程设计及分项报价的实训内容见表 3-13。

表 3-13　行程设计及分项报价的实训内容

实训内容	行程设计及分项报价	实训时间	
实训小组		小组成员名单	
具体任务	有一个青海 24＋1 人的旅游团于 10 天后来山东进行为期 7 天的旅游，住宿为三星级双标间，用餐为 50 元/人，全程无购物。假如你是青岛某旅行社的国内地接计调人员，由你进行行程设计及分项报价，你在设计线路和报价前，需要与青海组团社的计调人员就哪些事宜进行沟通		
作品提交	设计线路，上交 PPT		
实施过程	一、活动设计及规划 1）出示"青岛崂山一日游"活动线路，了解旅游地接线路设计的创意及报价的技巧 2）设定游客群体和旅游主题及市场定位 3）将学生分为三组，分工协作，进行资料调查、收集、整理形成作品 4）展示成果，全体同学评价，各组微信群互评 5）教师及旅行社导师分析点评 二、活动实施 1）教师推荐旅行社导师帮助指导 2）教师提出要求和注意事项，引导学生探究学习，合作完成 3）教师针对活动中存在的问题，及时纠正、点评		

三、实训评价

行程设计及分项报价的实训评价见表 3-14。

表 3-14　行程设计及分项报价的实训评价

评价标准及分值	A 等（9～10 分）	B 等（7～8 分）	C 等（7 分以下）
设定游客群体准确（2 分）			
旅游主题鲜明（3 分）			
市场定位准确（3 分）			

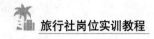

续表

评价标准及分值	A等（9~10分）	B等（7~8分）	C等（7分以下）
分工合理、清楚（2分）			
综合评价			

拓 展 阅 读

接团业务管理技巧

一、客户来电接待技巧

1. 接待要求

语言清晰、言简意赅、语气和蔼、态度热情。

2. 接待客户来电的四大要素

1）解答客户来电询问的旅游线路价格及行程问题。

2）问清其需求线路、团队人数、联系人、电话、具体出行时间，按照问询单问询客户。

3）讲述该线路的特征和突出卖点，强调自身的服务优势，如住宿等级、导游水平、企业实力等。

4）记录上述所问及事项，认真填写接待登记表，特别注明进度情况，与组团社确定产品内容、来团日期、接团时间、地点、人数、男女比例、有无儿童、有无特殊要求、返程方式等。

二、产品报价技巧

1. 首次报价

要做好不同地区组团社的报价，应一团一议，还应为客户进行第二次价格谈判。

2. 客户跟踪

向客户报价后，在较短的时间内进行二次跟踪，询问客户情况，争取客户确认达成合作意向。如果客户要求价格减让，在保住利润的前提下，根据实际情况适当地再让利，或者采用赠送礼品等方式进行感情沟通，争取尽快成交。

三、业务确认技巧

与客户经过几个回合的沟通，如能达成合作意向，可采取传真的方式确认，并填写旅行社团队确认书。具体内容包括价格、时间、人数、住宿标准、餐饮标准、车型、区间交通、全陪姓名、联系电话等。

四、接待操作技巧

将团队计划单，报部门经理处；报财务处借款、取签单资料；报计调处落实各项接待事宜。如遇变更，及时确认。

五、台账登记技巧

与组团社确认后，将该团队详细信息登记在团队操作台账上，以方便计调人员日后查对，按最终确认的时间和具体要求打印行程表。

六、导游出团技巧

长期合作客户，最好安排合作过的导游人员。第一次合作的客户，一定要安排经验丰富、讲解熟练、接待能力强的导游人员，为客户提供优质的服务。

七、计调跟团技巧

计调部门或客服部门应定期与全陪取得联系，询问导游服务的质量及团队的整体情况。特别是旺季，一定要与各接待方二次确认，以防止跑房、不能按时就餐、车辆故障等情况。

八、质量检查及结账技巧

结束行程时，通过游客填写的导游人员带团反馈单，了解行程安排是否合理、导游人员是否优秀、游客有无意见等，以便及时改进和控制。组团社在团队离开时，务必将剩余团款汇出或由全陪支付剩余团款。

九、领导送团技巧

如果是 VIP 团或出现失误的团，可由部门经理以上的管理人员出面送团，给对方留下很好的印象。

十、团队报账技巧

团队行程结束后，导游人员应向计调人员报账，将其所借的备用金与旅行社结清，在计调处审核无误后，报财务处。

十一、团队收入核算技巧

根据地陪及财务提供的费用情况，登记团队成本、利润情况等。一份留给财务记账，另一份留给计调处与团队其他资料归档备案。

团队行程结束后，企业客服部应该在两天之内通过电话对组团社进行回访，了解对方的满意程度，进一步加强联系，维系老客户。

（资料来源：http//www.doc88.com/p_7834230782975.html）

项目四　地接导游岗位

项目导读

　　大众旅游时代，游客在欢声笑语中赏最美景色、品特色美食、游名胜古迹的同时，有一个群体在默默地不断付出，他们热情洋溢、心思缜密，他们知道如何节省时间让游客观赏到更多的景色，他们不仅仅是一次次完美旅行的代言人，更是城市形象和国家形象的重要传播者。他们就是——导游人员。本项目将带领大家走进导游的世界，掌握导游服务的工作程序和岗位标准。

项目目标

　　1）了解导游工作的特点和要求。
　　2）掌握导游服务的程序及规范知识。

任务一　初识导游人员

📷 案例引入

2018 年 6 月，上海合作组织成员国元首理事会在青岛成功举办，大大提高了青岛的知名度和影响力，也吸引了来自世界各地的游客。

家住青岛的小刘对导游工作充满向往，他认为导游是一个令人羡慕的职业，在工作的同时，可以游遍天下奇观、赏遍天下美景、吃尽天下美食、结交天下朋友。高中毕业后，他也想成为一名导游人员，从事导游服务工作。

小刘对导游的看法全面吗？什么是导游？他怎样才能成为一名真正的导游人员？

📝 知识准备

一、导游人员的概念

我国导游人员的概念是根据国家旅游局（现为文化和旅游部）1999 年颁布的《导游人员管理条例》中的规定确定的。《导游人员管理条例》中导游人员是指取得导游证，接受旅行社委派，为旅游者提供向导、讲解及相关旅游服务的人员。

2018 年 1 月 1 日，文化和旅游部颁布施行的《导游管理办法》中，对导游执业的许可、管理进行了明确规定，即从事导游执业活动的人员，应当取得导游人员资格证和导游证。

取得导游人员资格证，首先要通过导游人员资格考试。其次，与旅行社订立劳动合同或者在旅游行业组织注册。最后，通过全国旅游监管服务信息系统向所在地旅游主管部门申请取得导游证。导游证采用电子证件形式，以电子数据形式保存于导游个人移动电话等移动终端设备中。

《导游管理办法》规定如下。

1）导游为旅游者提供服务应当接受旅行社委派，但另有规定的除外。

2）导游在执业过程中应当携带电子导游证、佩戴导游身份标识，并开启导游执业相关应用软件。旅游者有权要求导游展示电子导游证和导游身份标识。

二、导游人员的职责

在我国，海外领队、全陪、地陪和景点景区导游人员统称导游人员。他们的工作虽然各有侧重，所起的作用也不尽相同，但他们的基本职责概括如下。

1）自觉维护国家利益和民族尊严。

2）遵守职业道德，维护职业形象，文明诚信服务。

3）按照旅游合同提供导游服务，讲解、介绍当地文化、旅游资源、宗教禁忌、法律法规和有关注意事项。

4）尊重游客的人格尊严、宗教信仰、民族风俗和生活习惯。

5）在旅游过程中，导游人员要以身作则，遵守文明旅游规范，并引导游客开展文明旅游活动。

6）对可能危及游客人身、财产安全的事项，向游客做出真实的说明和明确的警示，并采取防止危害发生的必要措施。

三、导游人员的素质

导游活动的高体能、高智能、高技能的特点，决定了导游人员必须具有较高的综合素质。

1. 政治素质

导游人员应具有强烈的爱国主义思想，热爱祖国是一名合格导游人员的首要条件。遵纪守法是导游人员必须具备的政治素质，也是每个公民应尽的义务。

2. 思想素质

1）要做好导游，首先要学会做人。高尚的情操是导游人员的必备修养，也是提供优质的导游服务的必备保证。

2）热爱本职工作，是一切职业道德最基本的道德原则。导游人员要明确工作的意义，有强烈的工作责任心和工作热情，"干一行，爱一行，专一行"，忠实地履行自己的职责。

3）讲诚信应该成为导游人员的职业道德习惯。诚信是旅游活动的基本要求，是以人为本、落实科学发展观的具体表现，是促进旅游业发展的重要保障，诚信也是对导游工作的基本要求。针对目前个别导游人员存在的不诚信、不文明现象，要求导游人员做到遵纪守法、敬业爱岗，优质服务、游客至上，真诚公道、信誉第一，好学上进、充实提高；自觉践行社会主义荣辱观。

4）践行旅游行业核心价值观，即"游客为本，服务至诚"。这是社会主义核心价值观在旅游行业的延伸和具体化,二者相辅相成,共同构成旅游行业核心价值观的有机整体。

3. 知识素质

旅游的本质是一种追求文化的活动。导游人员只有具备广博的视野、渊博的知识，讲解时才能做到言之有物、内容丰富，才能更好地为游客服务。导游人员的知识体系主要包括语言知识、史地文化知识、政策法律及法规知识、心理学知识、审美学知识、社会风俗知识、旅行知识、国际知识等。

4. 技能素质

导游服务技能是导游人员完成导游服务所必须掌握的一种技术和能力，需要在实践中培养和发展。导游人员要在掌握丰富的知识的基础上，努力学习导游方法、技巧，并不断总结、提炼，形成适合自己特长的导游方法、技巧及自己独有的导游风格。导游人员应掌握的技能主要有语言表达能力、人际交往能力、组织协调能力、应变能力和相关的专项技能。

5. 身心素质

导游工作是一项脑力劳动和体力劳动高度结合的工作，工作纷繁、量大面广、流动性强、体能消耗大，而且工作对象复杂。所以，导游人员只有拥有健康的体魄，才能做好每一步工作。

导游人员面对着不同的游客，在旅游过程中也会遇到不同程度的问题，这就要求导游人员具备良好的观察能力和感知能力，具备良好的意志品质和善于调整游客情绪的能力。

情景实训 1

导游人员是旅游接待工作的主体，在旅游活动中起着主导作用。导游人员是旅游接待第一线的关键人员，在旅游活动中，他们处于中心地位。一次旅游活动的成功与否，关键在于导游。为了强调导游人员的重要作用，国际旅游界将导游人员称为"旅游业的灵魂""旅行社的支柱""参观游览活动的导演"。

一、实训目标

要求学生了解和感受导游人员的职责，理解成为一名合格的导游人员所需要的条件和素质。

二、实训任务

成为一名合格的导游人员的实训内容见表 4-1。

表 4-1　成为一名合格的导游人员的实训内容

实训内容	成为一名合格的导游人员	实训时间	
实训小组		小组成员名单	
具体任务	以小组为单位跟踪优秀导游人员一天带团过程，对其工作岗位中发生的事情进行归纳，分别体现了导游人员哪方面的职责		
作品提交	1）PPT 和打印稿各一份（小组合作完成） 2）展示报告：生生互评，组组互评		
实施过程	一、活动设计及规划 1）播放"导游人员的一天"视频创设情景，激发学生强烈的求知欲望 2）将学生分为三组，进行资料收集、分析并整理（注：每组确定一位优秀毕业生） 3）各组推选代表展示成果，全体同学评价，小组之间互评 4）教师分析点评		

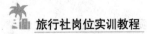

实施过程	二、活动实施 1）以学生为中心，将学生分为三组，各自确定一位优秀毕业生作为跟踪对象：①跟踪优秀毕业生一天的带团过程；②小组讨论、整理、归纳导游人员带团工作全过程，完成跟踪报告，并写出感受 2）教师提出要求和注意事项，引导学生分析、思考、拓展 3）教师针对活动中存在的问题，及时纠正、点评

三、实训评价

成为一名合格的导游人员的实训评价见表 4-2。

表 4-2　成为一名合格的导游人员的实训评价

评价标准及分值	A 等（9～10 分）	B 等（7～8 分）	C 等（7 分以下）
介绍全面（3 分）			
报告清晰（3 分）			
表达清楚（2 分）			
分工合作（2 分）			
综合评价			

情景实训 2

2018 年的国庆假期，90 后的杭州网约导游人员胡娜娜的一天被记录下来并走红网络，在收获上千万点击量的同时，她还被称为"导游人员中的一股清流"。网友评论："只要凭良心做事，大家都会感觉到，也都会以诚相待。"

一、实训目标

要求学生理解和掌握导游人员应具备的基本素质。

二、实训任务

成为最受欢迎的导游人员的实训内容见表 4-3。

表 4-3　成为最受欢迎的导游人员的实训内容

实训内容	成为最受欢迎的导游人员	实训时间	
实训小组		小组成员名单	
具体任务	以小组为单位采访在导游行业工作的优秀毕业生，对其工作岗位中发生的事情进行归纳，在班级进行分享交流		
作品提交	1）PPT 和打印稿各一份（小组合作完成） 2）展示报告：生生互评，组组互评（要求包含特色及优缺点分析）		

续表

实施过程	一、活动设计及规划 1）播放青岛旅游学校优秀毕业生事迹，创设情景，激发学生强烈的求知欲望 2）将学生分为三组，进行资料收集、分析并整理（注：每组确定一位优秀毕业生） 3）各组推选代表展示成果，全体同学评价，小组之间互评 4）教师分析点评
	二、活动实施 1）以学生为中心，将学生分为三组，各自确定一位优秀毕业生作为采访对象：①确定访谈提纲，与优秀毕业生座谈；②小组讨论整理归纳访谈资料并完成访谈报告 2）教师提出要求和注意事项，引导学生分析、思考、拓展 3）教师针对活动中存在的问题，及时纠正、点评

三、实训评价

成为最受欢迎的导游人员的实训评价见表4-4。

表4-4　成为最受欢迎的导游人员的实训评价

评价标准及分值	A等（9~10分）	B等（7~8分）	C等（7分以下）
优秀导游人员介绍（3分）			
典型案例介绍（2分）			
案例分析（3分）			
感想体会（2分）			
综合评价			

拓展阅读

游客与风景间的一条纽带，行为与文明间的一面镜子

近年来，我国绝大多数的导游人员默默无闻地坚守着自己的岗位，奉献着自己的青春。他们知识丰富、自觉担当，热情引导游客感受山水人文之美，悉心解决旅途中出现的各种问题。

2015年，由国家旅游局等主办的"寻找最美导游"活动，经过近一年的寻找和评选，最终推选出李志广等10位"最美导游"。"最美导游"的动人故事，为旅游业注入了一份满满的正能量。

1. 责任心：游客安全永远第一

某些人认为，导游人员常常带团出门，天南海北到处跑，吃喝玩乐，十分潇洒。导游人员张潇潇却认为手上举的导游旗是一份沉甸甸的责任。

有一次，张潇潇带领退休教师团参观玉龙雪山，一位生物老师对昆虫很感兴趣，一个人上山观察，忘了集合时间。当时山上山下温差很大，山上已是厚厚的积雪。张潇潇担心会出意外，一边通过景点广播寻人，一边自己在海拔4000米的地带翻山越岭，四处寻找，最终平安地把老师送上车。

导游人员的职业道德核心是全心全意为游客服务。遇到危难时，这个群体有着勇往直前的大无畏精神。

北京、上海、西安、广西……北京青年旅行社的导游人员李志广 15 年间带着德国、瑞士和奥地利的游客走遍全中国。

2012 年的国庆节期间，李志广带着 19 位德国游客在从北京赴天津的途中遭遇了车祸，车身起火。事发时李志广被撞飞出去，后经医院诊断，当时他身体多处骨折。但当他听到有游客在呼救时，不顾伤痛向旅游车跑去，把一位全身是火的游客拽到了车外的安全地带。在救人的过程中，李志广的后背及手臂被严重烧伤。德国外长在访华期间得知此事后，写来了慰问信。

邱高是汶川大地震中的英雄导游人员，曾走进中南海，受到时任国务院副总理王岐山的接见。地震发生时他正带团在松潘县游览，危急时刻邱高坚定地对游客说："大家别害怕，不管发生多大的地震，我都会和你们在一起，直到把你们平安送出四川！"随后，他第一时间把游客送上了飞往成都的班机。送走自己的团队后，邱高并没有歇息，他带上 3 名导游人员直奔震中汶川，背着食物徒步前进，边走边将食品分发给从地震中幸存下来的游客。

2. 专业性：移动的百科全书

旅途中，遇到危险的情况毕竟是少数。绝大部分时间里，导游人员是在为游客默默地付出。旅游是情感和文化的交流，知识渊博是导游人员必备的素质。大家去旅游就会发现，碰到一个优秀的导游人员，会学到很多东西，受益匪浅、不虚此行。为给游客提供最佳的精神享受，越来越多的专家型导游人员涌现出来，他们用渊博的知识赞美着中华五千年灿烂的历史文化，用出神入化的导游技巧描绘着祖国的锦绣山河。

维吾尔族小伙子艾克拜是新疆生产建设兵团中国青年旅行社的导游人员。艾克拜说："旅游是享受收获的过程，如果只是下车一游，游客没有收获，这就是导游人员的失职。"新疆地大物博，内地游客往往一次来只能游览北疆或者南疆的部分风景，南北疆风景又迥然不同。艾克拜利用游客午饭小憩时间推出"途中下午茶"，介绍行程中没有的新疆风光，使游客耳目一新。如果游客游览北疆，他就介绍南疆的塔克拉玛干沙漠、博斯腾湖、尼雅古城、楼兰古城等。如果游客游览南疆，他的下午茶内容就会介绍江布拉克、怪石峪、五彩滩、喀纳斯、那拉提草原等。

海外华人回福建旅游，一定会首选黄玉麟做导游人员。30 多年的导游经历使他赢得了"福建活地图"和"海外华人看中华文化的一个窗口"的美誉。黄玉麟说，力求在每一次短暂的旅行中，让海外华人更深刻地了解中国。纽约作家张宗子评价黄玉麟："黄导是我见过的为数不多的知识丰富的优秀导游人员，他对民俗、传说、名人生平、名人名篇都了如指掌，名篇片段能信手拈来。我相信，他除了记忆力非常好之外，一定还下过很多苦功夫。他对人文、地理知识的了解超出了我的想象，甚至他对植物、生物的了解都很全面。"

3．使命感：把美丽中国讲给世界

中国的导游人员大军不但服务国人的国内游和出境游，同时也服务着世界各地来中国的外国游客，热情传递着中国名片，传播着山水人文的底蕴。

曾三次援藏的全国模范导游人员刘萌刚架起了西藏和世界沟通的"金桥"。西藏在外国游客眼中是神秘的。一次，刘萌刚接待了一位叫作大卫的美国游客，游览之初，这位美国游客对西藏不甚了解，刘萌刚每到一个地方，都很友善地带着他去领略当地的风土人情。行程过半后，这位美国游客已经对西藏十分喜欢，他对刘萌刚说："感谢你让我看到的一切，我相信我的所见所闻，回国后我会告诉我的朋友们，西藏正越来越好。"

潘伊玫已经从事了 10 年的高端入境接待工作。"用一口流利的英文，把中国介绍给全世界"是她一直以来的梦想。在接待王室成员、中外政要、商界学界名人、演艺界明星的过程中，潘伊玫的带团风格与众不同，使外国游客在轻松愉快的氛围中了解中国。潘伊玫有办法使马来西亚王子放下王室成员拘束，跟随从一行在西湖边欢快地大跳集体舞。她查阅史籍，为美国南宋历史专家量身定制旅程，他们一起顶着烈日，爬凤凰山、走八卦田，徜徉在南宋御街。

"没有导游人员队伍的稳定成长，就没有旅游市场秩序的安宁；没有导游人员队伍的健康发展，旅游业的健康发展就会失去基础。"导游人员应将"游客为本，服务至诚"的行业核心价值观作为职业行为导向，自觉维护导游人员这一职业群体的社会形象。

（资料来源：http://www.wenming.cn/wmpl_pd/zmgd/201505/t20150516_2617813.shtml.）

任务二　体验地接导游

案例引入

在导游服务团队中，山东导游人员张正接待了一个 16 人的新疆老干部旅游团。该团成员中，9 人为回族、2 人为汉族、5 人为维吾尔族，其中 4 人完全听不懂汉语。由于该团情况特殊，旅行社在接待计划中未包含餐食，需要导游人员在接待中妥善解决。于是，张正便利用接团空余时间，想尽各种办法，保证游客吃好、玩好，最后圆满地完成了接待任务。

地陪是城市的窗口、城市的名片，也是打开旅游景点的一把钥匙。优秀的导游服务是规范化服务与个性化的有机融合。

如果你接待该团，将如何解决这些游客用餐和部分游客听不懂汉语的问题呢？

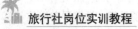

知识准备

地方陪同导游人员，也称地接导游，简称地陪或地接，是指受当地接待旅行社委派，代表接待社实施接待计划，为旅游团提供当地旅游活动安排、讲解、翻译等服务的工作人员。地陪是旅游计划的直接执行者，对确保旅游计划的顺利实施起着关键作用。在地陪导游服务中，地陪要严格按照国家标准 GB/T 15971—2010《导游服务规范》提供各项服务，按时做好旅游团在本地的迎送工作，严格按计划做好旅游团在参观游览过程中的导游讲解工作和计划内的食宿、购物、文娱等活动安排，妥善处理各方面的关系和出现的问题。

一、接团准备

（一）熟悉接待计划

接待计划是组团社委托各地方接待社组织落实旅游团活动的契约性安排，是导游人员了解该团基本情况和安排活动日程的主要依据。地陪应在旅游团抵达之前认真阅读接待计划和有关资料，详细、准确地了解该旅游团的服务项目和要求，对主要事项要做记录，并了解清楚以下情况。

1. 旅游团及团员的基本情况

1）旅游团概况：组团社名称、相关联络人及联络方式、国别、导游语言要求、旅游团名称或团号、收费标准和费用结算方式等。

2）团员基本情况：人数及团员的姓名、性别、年龄、护照或身份证号码、职业及宗教信仰等。

3）旅游线路和交通工具：该团的全程路线、入出境地点、乘坐交通工具的情况等。

4）交通票据：该团去往下站的交通票据是否已按计划订妥、有无变更及变更后的落实情况、有无返程票、出境机票类型等。

2. 旅游团及团员的特殊要求与注意事项

1）食、住、行、游、购、娱等方面的特殊要求：该团在用餐、住房、用车、游览等方面是否有特殊的要求。

2）重要人物迎送、会见、宴请等注意事项：该团有无要求有关方面负责人出面迎送、会见、宴请等礼遇。

3）需要特殊或重点照顾的游客：该团是否有老弱病残及婴幼儿等需要特殊照顾的游客。

4）其他注意事项：该团有无需要办理通行证地区的参观游览项目等事项。

（二）落实接待事宜

在旅游团抵达的前一天，地陪应与各有关部门或人员一起落实、检查旅游团的日程安排、交通及行李运输、住房及用餐、参观及游览项目，并与有关人员取得联系。

1. 落实接待日程安排

地接社根据组团社的旅游接待计划，编制该团在本地的参观游览活动日程，日程中应详细注明日期、出发时间、游览项目、就餐地点、风味品尝、购物、晚间活动、自由活动时间及会见等其他特殊项目。

2. 落实交通工具

地陪应与旅游汽车公司或车队联系，确认为该团在本地提供交通服务的车辆的车型、车牌号和司机姓名及联络方式。接大型旅游团时，车上应贴编号或醒目的标记。

3. 落实食宿安排

地陪应熟悉旅游团所入住饭店的位置、概况、服务设施及项目，核实该团游客所住房间的数目、级别及是否含早餐等事宜。地陪还应与有关餐厅联系，确认该团日程表上安排的每一次用餐情况。

4. 落实相关单位和人员的联络方式

地陪应备齐并随身携带组团社和地接社相关部门、沿途餐厅、入住饭店、车队、组团人员和其他导游人员的联络方式。

5. 落实参观及游览项目

地陪要清楚接待计划中的各项参观游览项目的当前情况，如近期是否整修、闭馆等。如果发现实际情况与接待计划有出入，要及时向地接社汇报，并做出合理恰当的调整。如果接待计划中有新的旅游景点或不熟悉的参观游览点，地陪应事先了解其概况，如具体方位、开放时间、最佳游览路线、厕所位置等。对于一些特别的旅游项目，如文娱表演、野营活动等，更要清楚其活动要求和注意事项。

6. 与全陪取得联系

地陪应和全陪提前约定接团的时间、地点，防止漏接或空接事故的发生。

在接到接待任务的第一时间，地陪就应主动与全陪取得联系，了解旅游团情况，商定有关接团事宜。为了有针对性地做好接待准备，地陪还应向全陪详细询问该团的特点和一些需要特别注意的人或事项。

（三）做好语言与知识准备

地陪应根据旅游接待计划和旅游团的特点准备相应的知识。

1. 做好语言翻译、导游的准备

根据接待计划上确定的参观游览项目，对重点内容，特别是自己不太熟悉的内容，地陪要做好外语和介绍资料的准备。

2. 做好专业知识的准备

地陪在掌握并随时更新旅游地的概况、风俗习惯、风物特产、法律法规及主要旅游景点等常规知识的同时，要根据旅游团大部分团员所从事的专业情况，做好相关专业知识、词汇的准备工作。

3. 做好时政要闻的准备

地陪要做好有关当前的热门话题、国内外重大新闻、游客可能感兴趣的话题等方面的准备工作，以便在接待活动过程中更好地与游客互动交流。

4. 做好客源地知识的准备

为了更好地了解游客，提供有针对性的服务，地陪还应掌握客源地的习俗、人文典故、风物特产等相关知识。

（四）做好个人形象准备

一个着装得体、化妆适度、干净整洁、精神饱满的地陪，在宣传旅游目的地、传播中华文明方面起着不可低估的重要作用，也更容易在游客心目中树立良好形象。

1. 着装准备

地陪的着装要符合本地区、本民族的着装习惯和导游人员的身份，衣着既要大方、整洁，又要便于从事导游服务工作。

2. 化妆准备

在工作期间，地陪一般不宜佩戴饰物，如有佩戴，要适度并符合自己的气质和特点。发型不要过于夸张，不化浓妆，不用味道过于浓烈的香水。

3. 个人卫生准备

在出团前，地陪要检查自己头发和指甲等是否符合要求，做到整洁卫生。

（五）做好服务心理准备

地陪需要具备良好的心理素质，尤其是在出团前，要善于控制自己的情绪，放松自己，把自己的情绪调整到最佳状态，并做好下面两个方面的心理准备。

1. 准备面临艰苦而复杂的工作

导游服务工作是一项脑体高度结合的劳动，导游人员不仅要考虑到按照标准化和规范化的工作程序要求为游客提供热情的服务，还要有充分的思想准备，考虑如何为特殊游客提供服务，以及如何面对和处理在接待工作中发生的问题或事故。

2. 准备承受抱怨和投诉

导游人员的工作繁杂辛苦，有时导游人员虽然已经尽其所能地为旅游团服务，但还会有一些游客挑剔、抱怨、指责导游人员的工作，甚至提出投诉。对此，导游人员也要有足够的心理准备，要冷静、沉着地面对抱怨和投诉，真心实意地为游客服务。

（六）做好物质准备

上团前，地陪应做好必要的物质准备，准备好接待计划、委派单、导游证、胸卡、导游旗、接站牌和结算凭证等物品。根据接待计划做好开支预算，向财务部门支取足够的团款。

1. 准备规定物品

规定物品包括表明身份的物品（如导游证和胸卡、委派单、身份证和名片等）、提示游客的物品（如接站牌、导游旗、旅游车标识和扩音器等）、业务活动用品（如接待计划、意见表、票据、现金、宣传材料、导游图、记事本、签字笔等）。

2. 准备应急用品

要做到有备无患，地陪上团前要根据接待计划内容和游客情况带上相应的应急用品，如晕车药、创可贴、医用胶布、医用酒精、塑料袋、小工具等，也可以准备一些途中与游客互动的活动小奖品，如本地旅游图及具备本地特色的小纪念品等。

3. 准备个人用品

导游人员要学会照顾好自己，要准备一些高热量的食品、加盐或加糖的饮用水，要带足日常衣物和卫生用品，通信联络设备也是必不可少的。

二、接团服务

（一）旅游团抵达前的工作

在接团当天，地陪应提前到达旅行社，全面检查前期准备工作的落实情况，并再次确认旅游团抵达时间、旅游车、行李车及会合地点等。

1. 确认旅游团抵达的准确时间

在出发迎接旅游团之前，地陪要向机场（车站、码头）问讯处问清飞机（火车、轮船）到达的准确时间。一般情况下，应在飞机预定的抵达时间前两个小时，火车、轮船预订的抵达时间前一个小时向问讯处询问。

2. 与旅游车司机联络

地陪要主动联系旅游车司机，告知该团的活动日程和具体时间安排，与司机商定出发的时间，确认接头地点；提前半小时到达接站地点后，与司机商量好停车的位置。

3. 再次核实旅游团抵达的准确时间

一般情况下，导游人员在抵达接站地点后，应迅速查阅航班（轮船或火车）抵达的显示信息，核实航班抵达的准确时间。若出现航班（车次、船次）晚点，则视晚点的程度来决定后续的安排。对于非入境站并配有全陪的非飞机团，地陪还应提前与全陪电话或短信联系问询，来验证再次核实的抵达时间。

4. 与行李员联系

如果配备了行李车和行李员，地陪在出发接团之前，应与该团提供行李服务的行李员取得联系，通知其抵达机场（车站、码头）将游客行李及时送达下榻的饭店。

5. 迎候旅游团

旅游团所乘飞机（轮船或火车）抵达后，地陪应手持接站牌或旅行社旗帜站立在出站口醒目位置，热情迎候旅游团。如果是火车团，有特殊情况要事先购买站台票，并到站台上接站。

（二）旅游团抵达后的服务

1. 认找旅游团

旅游团队出站时，导游人员应尽量站在出口醒目的位置，手持接站牌，以便对方领队、全陪或游客前来联系，同时地陪也应根据游客的衣着、组团社的徽记等情况主动地认找旅游团。

2. 核实旅游团情况

为避免出现错接事故,地陪在找到游客后,应立即与全陪、领队或旅游团负责人核实对方旅行社名称、团号、领队、全陪姓名及实到人数。如果出现与计划不符的情况,应立即通知接待旅行社的有关部门和负责人,并做出相应调整。

3. 集中清点行李

地陪在核对完旅游团情况后,协助本团游客将行李集中放在比较僻静、安全的地方,提醒游客检查各自的行李物品是否完整无损(火车托运的除外)。

清点行李时,若发现行李未到或破损,导游人员应协助游客到机场登记处或其他有关部门办理行李丢失或赔偿申报手续。

如果旅行社安排了行李车运送行李,导游人员应与全陪、领队、行李员共同清点,核对行李件数无误后,移交给接待社行李员,双方办好交接手续。

4. 集合登车

清点完行李后,地陪提醒游客带好随身行李,引导游客前往乘车处,并给予游客必要的帮助。

游客上车时,导游人员要站在旅游车车门的靠头一侧,协助游客上车。上车后,地陪应协助全陪、领队安排游客就座,并安置好随身行李。待游客全部坐稳后,先检查一下行李架上的物品是否安稳,再礼貌地清点人数。最后请司机开车,并再次提醒游客坐稳扶好。

(三)赴饭店途中的服务

如果旅游车没有设置导游专座,地陪应当事先选择汽车第一排的正座为导游专座,罩上印有"导游专座"的头枕套,以提示游客不要占据该座位。当汽车高速行驶时,禁止导游人员在车内站立讲解。车辆启动后,地陪要面带微笑地正对全体游客,进行赴饭店途中的首次导游讲解。

1. 致欢迎词

欢迎词通常包括以下内容:①问候语;②介绍旅行社、司机和自己;③代表所在社欢迎游客到本地游览观光;④表明工作态度和希望得到合作的诚挚愿望;⑤预祝旅游愉快和顺利。

导游人员在致欢迎词时,应当根据旅游团的性质和成员的文化水平、职业、年龄及居住地等情况的不同,采用恰当简练的、充满热情的、幽默风趣的语言,给游客以亲切、热情和信任的感觉。导游人员致欢迎词没有固定的模式,应根据自身的才艺特长、性格特征，在长期的导游实践中，形成自己独特的风格。

2. 调整时间

如果旅游团是首站入境的外宾团，地陪在致完欢迎词后，要介绍两国（两地）的时差，提醒游客将自己的时间工具调整到北京时间。如果入境旅游团有全陪，全陪在致欢迎词后一般会介绍两国（两地）时差，协助游客调整时间，地陪就不必重复。

3. 首次沿途导游

首次沿途导游，是指游客在机场（车站、码头）前往下榻地或前往首个参观点的途中，地陪结合沿途情况所做的导游讲解工作。首次沿途导游依路途远近和时间长短而定，主要介绍当地概况、沿途风光、当地风情、下榻饭店的情况。

地陪必须做好首次沿途导游，以满足游客的好奇心和求知欲。首次沿途导游也是显示导游人员的知识、技能和工作能力的大好机会，精彩成功的首次沿途导游会使游客产生信任感和满足感，在游客的心目中留下良好的第一印象。

4. 抵达饭店时的提醒工作

旅游车行驶至下榻的饭店，地陪应在游客下车前向全体成员讲清并记住旅游车车牌号码、停车地点和再次集合的时间，然后提醒游客带好随身行李物品下车。

（四）入住服务

1. 登记入住

（1）协助办理住店手续

地陪带领游客抵达饭店后，要协助全陪、领队办理住店登记手续。办理住店手续流程如下：①地陪负责向饭店交纳住宿押金，领取住房卡；②地陪协助全陪或领队分房，请全陪或领队分发住房卡；③登记入住时需要游客证件，请全陪或领队收齐，用完再由全陪或领队归还游客；④地陪要掌握全陪、领队和团员的房间号，并将自己的联系方法（包括联系电话、自己在饭店的房间号等）告诉全陪和领队，以便有事时尽快联系。

（2）介绍饭店设施和服务

进入饭店后，地陪向全团成员介绍饭店内的设施和服务，包括中西餐厅、娱乐场所、商品部、商务部、公共洗手间、医务室、外币兑换处等，并讲清住店的注意事项，如寄存贵重物品、房间内哪些物品属于有偿使用及电话的使用方法和话费自理等。

（3）照顾游客入住

在游客拿到房间钥匙后，地陪应立即协助游客找到房间，并确定已入住房间，同时督促饭店行李员及时将行李送至游客的房间。待游客全部进入房间后，地陪应立刻巡查一遍游客的房间，以便及时发现并协助其解决入住后出现的问题。

（4）处理游客个别要求和问题

由于游客对饭店不熟悉，入住过程中会遇到一些困难，如房间设施不会使用、电话无法开通、空调无法使用、行李投错或未到、房间不符合标准、房间卫生差、设施不全或损坏等，有时还可能出现游客要求调换房间等要求，地陪都应积极地协助解决。因此，在游客入住饭店后，地陪不要急于离开，应等游客全部入住一段时间后方可离开。

1）要求调换房间。旅游团到某地旅游时，享受的住房星级一般在旅游合同中会有明确规定。所以，当接待旅行社向旅游团提供的客房低于标准或用同等级的饭店替代协议中标明的饭店时，游客就可能会提出异议。若提供的客房低于标准，旅行社应负责予以调换，确有困难须说明原因，并提出补偿条件；若是后者，旅行社要提出有说服力的理由。

若客房内有蟑螂、臭虫、老鼠等，游客要求换房，应满足其要求，必要时应调换饭店；若客房内设备设施损坏，应要求饭店有关部门立即派人修理，如果一时修理不好应给游客换房；如果客房内设备，特别是卫生设备达不到清洁标准，应立即打扫、消毒；游客由于生活习惯要求调换不同朝向的同一标准客房，假如饭店内有空房，可满足其要求，或请领队在内部调配，无法满足时，应进行耐心解释，并向游客致歉。

2）要求住更高标准的客房。游客希望住同一饭店中高于合同规定标准的客房时，导游人员要与饭店联系，若有空房，可以满足其要求，但应事先告知游客要交付原定饭店退房损失费和房费差价。若饭店无空房，也要向游客说明原因并请求谅解。

3）要求住单间。住双人间的游客要求住单间，如果饭店有，可以予以满足，但房费自理；如果是同房间游客闹矛盾或生活习惯不同而要求住单间，导游人员应请领队调解或在内部调整。若调解、调配不能解决问题，饭店有空房，可满足其要求，但导游人员要事先提醒，房费由游客自理（一般情况下由提出换房的游客支付）。

4）要求购买房间中的摆设。游客希望购买客房内的某一摆设时，导游人员可协助其与饭店有关部门联系。

2. 带领旅游团用好第一餐

旅游团的第一餐一般都安排在酒店内进行。为了避免出现意外，地陪要提前到餐厅了解准备情况。如果游客有特殊要求，导游人员要特别关注餐厅是否做了准备。

（1）餐前交代

游客在进入餐厅之前，地陪要向他们介绍饭店的就餐形式、地点、时间及餐饮的有关规定（如是否含酒水等）。

（2）餐中服务

游客到餐厅用第一餐时，地陪应提前在餐厅门口等候，引领游客进入餐厅就座，并将全陪或领队介绍给餐厅经理或主管，告知旅游团的特殊要求。就餐期间，地陪还要巡视游客的餐桌，检查就餐情况，监督餐厅按标准上餐，同时征询游客的意见和建议，以便通知后续各用餐点做出调整。

3. 宣布下一步活动安排

（1）事先与全陪和领队商量

地陪在宣布当日或次日活动之前，应当先与全陪和领队商量，达成一致。

（2）宣布当日或次日活动

地陪应向全体游客宣布有关当天和第二天活动的安排、集合的时间和地点，提醒游客做好必要的游览准备。为了表示尊重，也可以请全陪或领队来宣布，以树立他们在旅游团中的威信。

4. 照顾行李进房

地陪安顿好游客入住后，若行李尚未到达，这时要与旅行社行李员取得联系。待本团行李抵达饭店后，地陪要与旅行社行李员和饭店行李员一起核对行李，并把行李移交给饭店行李员，督促饭店行李员及时将行李送至游客房间。如果发现有个别游客的行李未到，应协助相关人员迅速寻找。

5. 确定叫早时间

地陪在结束当天活动离开饭店之前，应与全陪、领队一起商定第二天的叫早时间，并请领队将时间通知全团，地陪则负责将叫早时间通知饭店总服务台，办理叫早手续。

（五）核对、商定日程

1. 与全陪、领队核对、商定日程安排

地陪在游客入住妥当后，应与全陪认真核对各自手中的接待计划，逐项落实计划中的内容。如果地陪、全陪或领队在核对日程过程中，发现有任何差异，一定要尽快找出原因，分清责任，达成一致意见。

2. 将商定结果通知游客

商定完毕，地陪应立即将商定结果通知全体游客，也可以请全陪或领队通知游客。

3. 慎重对待领队、全陪或游客的修改意见

（1）对方提出修改或新增旅游项目

遇到游客对原来的旅游活动日程提出修改意见或者要求增加新的旅游项目时，地陪要及时向旅行社有关部门反映情况，对游客合理且可能满足的要求应尽力予以安排。新增旅游项目如需增加费用，地陪应事先向全陪、领队或游客说明并按规定收取费用。对于无法满足的要求，要详细解释、耐心说服。

（2）对方提出与原日程不符且涉及接待规格的要求

对方提出与原日程不符且涉及接待规格的要求时，地陪一般应婉言拒绝，并向对方说明我方不能单方面违反合同。如果有特殊理由或者游客一再坚持，并经由全陪或领队提出时，地陪必须请示旅行社有关部门并按旅行社的指示办理，地陪个人不得擅作主张。

（3）与全陪或领队手中的接待计划有出入

地陪如发现与全陪、领队手中的接待计划有出入时，首先要向旅行社报告，查明原因，分清责任。如错在接待方，地陪应实事求是地说明情况，并向全陪、领队和游客致歉，及时纠正。如错在对方，地陪应对对方的失误表示理解，并安慰对方，不得指责对方。在出现分歧时，地陪应把握平等协商、耐心解释和合理解决的原则。

三、游览服务

（一）出发前的准备工作

为了使当日的参观游览活动能够顺利进行并取得成功，地陪应根据经验和实际情况，做好周全、细致的出发前的准备工作。

1. 做好游览的各项准备

1）出发前，地陪要准备好导游旗、胸卡和必要的票证。

2）与就餐餐厅协调，核实餐饮落实情况。

3）地陪要提前 10 分钟到达集合地点，迎候游客。地陪可利用这短短的 10 分钟时间，向早到的游客问候，询问住店情况，了解他们的要求和想法，征求他们的意见和建议。

4）督促司机做好行车准备工作。地陪提醒司机检查旅游车，做好出发准备。

2. 核实、清点实到人数

游客到达集合地点后，地陪不要急于请游客上车，应先清点人数。若有游客未到，地陪要尽快向全陪、领队或其他游客问明原因，并设法找到；若有游客自愿留在饭店或不随团活动，地陪要了解其具体安排，并征询全陪或领队的意见，方可同意游客独自行动，并提醒其注意安全和牢记地陪的联系方式，必要时可安排游客在饭店的用餐事宜；若有游客因为健康原因不能随团活动，地陪要探望其病情，安排好用餐等事项，并通知接待旅行社和饭店的有关部门，派人予以照顾。

3. 预报天气，提醒游客注意事项

出发前，地陪要向游客预报当天的天气情况、游览景点的地形特点和行走路线的长短等情况。如果当天有雨，地陪要提醒游客带好衣服、雨具并换上舒适的鞋。如果当天车程较长，地陪要提醒容易晕车的游客服用晕车药物。必要时，地陪还要提醒游客遵守

当地的习俗或规定。

4. 组织集合登车

游客到达集合地点，地陪清点完人数后站在车门一侧，请大家上车。开车前，再次清点人数，与全陪确认无误后请司机开车。

（二）途中导游服务

旅游车一旦离开饭店，当天的旅游活动就开始了，地陪的导游工作也随之展开。

1. 重申当日活动安排

开车后，地陪向全体游客问候，并询问对昨晚的住宿和当天的早餐是否满意，重申当天的旅游活动安排，包括用餐安排、到达景点所需的时间和当日旅游活动中的注意事项。在这一环节，地陪还可以视情况介绍当天国内外重要新闻或当地重大新闻事件等。

2. 沿途导游讲解

在前往景点的途中，地陪要向游客介绍本地的历史沿革、经济发展、风土人情、沿途风光，回答游客提出的问题。为了做好沿途导游讲解，地陪平时要注意沿途风景的特点和变化特征，要将沿途重要建筑的特点、历史及有关该建筑的轶事熟记在心。

3. 活跃车内气氛

如果前往下一个景点旅途较长，地陪可以就大家感兴趣的话题组织游客进行讨论，也可以组织一些娱乐活动以活跃气氛。

（1）旅途中调节气氛应遵循的原则

旅途中调节气氛应遵循的原则包括：①选择有健康意义的活动内容；②尊重游客，勿取笑他人；③参与活动的行为举止要文明；④杜绝黄色笑话与黑色幽默；⑤活动不要重复。

（2）旅途中调节气氛的方法

1）唱歌。唱歌是最简单也是最常用的方法。导游人员可以先为游客演唱本地民歌，接着问游客其家乡有没有民歌，然后请游客教唱，以此把游客的情绪调动起来，形成导游人员和游客互动的场景。唱歌不拘形式，清唱、音乐伴唱都行。如果气氛良好，导游人员还可以与游客对歌，目的是让游客开心。

2）播放光碟。长途旅行时，导游人员可在旅游车上播放光碟，为游客解闷，播放风光片、民俗介绍片、相声小品等。

3）脑筋急转弯。脑筋急转弯打破了人们的常规思维定式，给人意想不到的解答，并且它们通俗易懂、出人意料又诙谐机巧。若导游人员能够运用得当，可以调节旅途气氛。

4）绕口令或方言。绕口令又称为"拗口令""吃口令""急口令"，就是将声母、韵母或声调极易混淆的字反复重叠，组成拗口的句子。如请游客数青蛙："一只青蛙一张嘴，两只眼睛四条腿；两只青蛙两张嘴，四只眼睛八条腿……"以此类推，每人一句，一直数到十，凡量词或数词说错了就要挨罚。导游人员运用绕口令时应注意以下两点：①这种游戏比较适合年轻游客；②绕口令不宜过于复杂和拗口，重在娱乐性和参与性。此外，导游人员还可在途中适时教游客一些本地方言。

5）猜谜语。谜语是一种采用隐喻、迂回的方式对某种事物进行描述，而猜谜者通过思考、分析、猜测判断后才能得出正确结论的文化娱乐活动。

在长途旅行中，猜谜语既能活跃旅途气氛，又可启迪智慧，还可融洽导游人员和游客的关系，增加游客对导游人员的信任度。导游人员在组织猜谜语活动时，首先，选取的谜语不宜太难，否则游客猜不出来就会失去兴趣；其次，谜语的设置最好有一定目的，如通过猜谜语引出当地的名人或特产等；最后，要密切关注游客的反应，游客猜不出来时要及时给出答案。

6）讲故事和说笑话。讲故事和说笑话是导游人员常用到的调节气氛的方法，也是考验导游人员口才的一种手段。游客在听故事、听笑话的过程中得到精神的愉悦和放松，从而对导游人员产生好感，也有利于导游工作的开展。但是，导游人员在讲故事或笑话时，要将途中风光和景点介绍有机结合起来，在整体导游讲解中起辅助作用。

7）近景小魔术。导游人员可以学一些简单的小魔术，如"纸牌小魔术""硬币小魔术""扑克牌小魔术"，教游客变一变，既有趣，又能增强亲和力。

8）其他。导游人员可以根据团队情况安排其他能激发游客参与热情的活动。例如，如果导游人员带的是组合旅游团，游客来自四面八方，导游人员可以让游客讲述自己家乡的情况；如果游客文化修养较高或年轻时尚，可开展热点问题讨论；如果是以妇女为主的团队，美容美发、情感问题、购物是很好的话题。只要导游人员善于观察，并事先了解游客的职业背景，就一定能找到游客共同关心的话题，通过恰当的引导和激发，就能掀起团队讨论的高潮，增强团队热闹、团结、友好的气氛。

4. 介绍游览景点

在快要到达下一个景点前，地陪要简明扼要地介绍景点概况，包括历史沿革、形成原因、景观特色、艺术价值、逸闻趣事等，目的是激起游客游览景点的兴趣，同时也节省在景点的讲解时间。

5. 抵达景点前的提醒工作

旅游车进入景点后，在游客下车前，地陪要向游客说明该景点的停留时间及参观游览结束后的集合时间和地点，要提醒游客记住旅游车的颜色、标识和车牌号，最后提醒游客带好随身物品并关好车窗。

（三）景点导游服务

地陪的景点导游服务是游客最为关注的，也是地陪接待工作的重中之重。由于游客多、场面复杂，给地陪的导游、讲解工作增加了难度，因此，地陪要充分发挥自己的讲解技巧和综合工作能力，引导旅游团按照事先设计好的行程安排顺利完成景点的游览活动。

1. 购票入园

到达景点下车后，地陪应迅速为游客购买门票或签单，带领旅游团进入景点。如果出现儿童超高需另购门票时，地陪应协同全陪向儿童家属或随行人员说明地陪可代购门票，但费用由游客补交。有些景点，若游客有导游资格可以免费参观游览，地陪应记录下免票情况并告知全陪，以便旅游活动结束后结算团费时退还组团社门票款。

2. 交代游览注意事项

在景点示意图前，地陪应向游客介绍该景点的游览路线、所需时间、集合时间及地点，交代参观游览过程中的有关注意事项，提醒游客注意人身和财产安全并预防走失。如果有游客要求自由活动，需征得全陪同意，地陪要向其讲清参观游览结束后的集合时间和地点，并告知周围大致环境。

3. 游览中的导游、讲解

抵达景点后，地陪的主要工作就是带领旅游团沿着旅游路线对所见的景物进行导游和讲解。

在景点导游的过程中，地陪应保证在计划的时间与费用内，使游客能充分地游览、观赏，做到讲解与引导游览相结合，适当集合与分散相结合，劳逸适度，并应特别关照老弱病残的游客。

景点的讲解内容一般包括该景点的历史背景、特色、地位、价值等方面。地陪在讲解景点时，要把握因人而异、简繁适度、准确无误的原则，要充分利用各种导游讲解方法和技巧使讲解的内容生动、形象、易懂，让游客留下深刻印象。

在景点游览过程中，一定要注意导游和讲解的有机结合，要留出充裕的时间让游客自己去体会；尤其是要留出足够的时间，让每一位游客都能拍摄到满意的照片。

4. 留意游客动向

在参观游览景点的过程中，地陪要随时留意游客的动向，观察周围环境的变化，和全陪、领队密切配合并随时清点人数，防止游客走失和意外事故的发生。

（四）参观活动

参观也是旅游活动的重要组成部分，有助于游客了解当地人民的生活方式。

1. 参观前的准备工作

1）地陪要问清具体人数，清楚参观时间和内容。
2）提前联络，落实专门接待人员。
3）了解宾主之间是否有礼品赠送。若赠送外宾的是应税商品，则要提醒有关人员提供发票和完税证明，以备游客出关时海关查验。

2. 参观时的导游、翻译工作

到达参观点后，地陪要立即联系接待人员，并向游客介绍，提醒游客参观时的注意事项。

带外宾团时，地陪的翻译要准确。若发现参观点接待人员言语不妥或有泄露国家机密的嫌疑，地陪在翻译前应予以提醒，请其纠正。如果来不及纠正，则可以改译或不译，但事后要向接待方说明。

（五）返程途中的工作

当日所有景点游览结束后，地陪应引导游客上车，并再次清点人数，确保无人掉队。在返回途中，游客一般比较疲惫，原则上不宜做太长时间的讲解。

1. 当天活动回顾

地陪可引导游客回顾当天参观游览的内容，回答游客的询问，对游客特别感兴趣的内容可做补充讲解。

2. 沿途风光导游

如果是从原路返回，地陪可以对沿途风光做补遗讲解；若不从原路返回，则应做沿途风光导游讲解。如果发现游客非常疲惫，地陪在简单回顾当天活动内容后，不宜做沿途风光导游，而应让游客休息。

3. 宣布次日或当晚活动安排

返回饭店下车前，地陪应向全体游客通报晚餐时间、地点，预报次日的活动安排、出发时间和集合地点等；提醒游客带好随身物品，然后下车在门口恭送游客。待全部游客下车后，地陪应再次上车检查一遍车上是否有游客遗留物品。最后，地陪要与酒店前台确认叫早时间和早餐时间。

四、餐饮服务

（一）餐前准备

1. 提前落实当天用餐

地陪要提前落实本团当天的用餐，对中、晚餐的用餐地点、时间、人数、标准、形式、菜品搭配及特殊要求等要逐一核实并确认。

如果团队中有具有宗教信仰和特殊饮食习惯的游客，地陪要事先做好准备，以免用餐引发麻烦。

2. 处理好用餐与游览的关系

地陪在带团时，既要为游客提供适时、优质、安全的用餐，又要保证游客的行程。当这两者发生矛盾时，地陪要与游客进行充分协商。地陪要根据游览时间和活动内容的实际情况，安排好游客的用餐时间。

（二）餐中服务

1. 引导用餐

用餐时，地陪要事先了解团队用餐的位置，待游客抵达餐馆后，带领游客入座。当游客就座后，地陪应督促餐馆服务员迅速上茶水，并介绍餐馆的有关设施（如洗手间的位置等）、饭菜特色、酒水的类别等。地陪要向领队告知地陪、全陪的用餐地点及用餐后全团的出发时间。在开席之前，地陪还可以适当讲解一些当地的饮食文化等。

2. 巡视餐厅

地陪一般不与游客一起用餐（有专门的司陪餐）。用餐过程中，地陪要等上了2～3道菜后方可离开，中途至少还要巡视两次，解答游客在用餐中提出的问题，监督、检查餐馆是否按标准提供服务，解决可能出现的问题。用餐完毕，还要给游客留出一定的饭后放松、休息的时间。

3. 特殊情况的处理

（1）特殊的饮食要求

由于宗教信仰、生活习惯、身体状况等原因，来自不同国家和地区的游客会提出饮食方面的特殊要求，如不吃荤，不吃油腻、辛辣食品，不吃猪肉或其他肉食，甚至不吃盐、糖，不吃面食等。具体处理方法如下。

1）旅游合同有明文规定的要不折不扣地兑现。游客的特殊饮食要求在旅游合同中明文规定的，接待方旅行社须尽早进行安排，地陪在接团前应检查落实情况，不折不扣地兑现。

2）旅游团抵达后提出的应积极协助解决。旅游团抵达后提出特殊要求，地陪需视情况而定。一般情况下，地陪应与餐厅联系，在可能的情况下尽量满足；如确有困难，地陪可协助其自行解决。

（2）要求换餐

游客要求换餐，如将中餐变成西餐、将便餐变成风味餐等：①旅游团若在用餐前3小时提出换餐要求，地陪要尽量与餐厅联系，按有关规定办理。②旅游团在接近用餐时提出换餐要求，一般不应接受要求，但导游人员应做好解释工作。如果游客坚持换餐，导游人员可以建议他们自己点菜，费用自理，并告知原餐费不退。游客加菜、加饮料的要求应予以满足，但费用自理。

（3）要求单独用餐

由于旅游团的内部矛盾或其他原因，个别游客要求单独用餐。导游人员要耐心解释，并告知领队请其调解、说服。如游客继续坚持，导游人员可协助与餐厅联系，但餐费自理，并告知综合服务费不退。

（4）要求提供客房内用餐服务

如果游客生病，导游人员或饭店服务人员应主动将饭菜端进客房以示关怀。如果身体健康的游客要求提供客房用餐服务，导游人员要与餐厅联系，若有此项服务，可满足其要求，但应告知服务费自理。

（5）要求推迟晚餐时间

游客因生活习惯或其他原因要求推迟晚餐时间，导游人员可与餐厅联系，视餐厅的具体情况处理。一般情况下，导游人员要向游客说明餐厅有固定的用餐时间，过时用餐需游客自行另付服务费。若游客同意付费，可满足其要求。

（6）要求不随团用餐

游客因自身原因提出不随团用餐的要求，导游人员要问清原因，一般可满足其要求，但要告知在别处用餐费用自理，原餐费不退。

（7）旅游团参加宴会

旅游团在旅游过程中可能会参加一些由旅行社或当地其他部门组织的宴会。地陪在带领旅游团参加宴会时，要与全陪、领队、宴会组织方等相关联系人做好协调工作，保证定时定点地进行宴会用餐。若随团参加宴会，地陪要着装整洁大方，遵守宴会礼仪和本地风俗，必要时承担翻译等服务工作，时刻牢记自己协调沟通的身份，切忌喧宾夺主。

（8）旅游团品尝风味餐

风味餐作为当地的一种特色餐食、美食，是当地传统文化的组成部分，宣扬介绍风味餐是弘扬民族饮食文化的活动。地陪在随团品尝风味餐时要向游客介绍风味餐的特色、吃法及有关典故、民俗民情等。

旅游团品尝具有地方特色的风味食品有两种形式。一是旅游接待计划内的。地陪应事先了解本地主要风味餐馆的特色、历史渊源。进餐时，地陪要向游客介绍风味名菜，并与游客进行交流。二是旅游接待计划外的，是游客自发的自费品尝形式。导游人员应予以协助，与有关餐厅联系，并提前告知原就餐餐厅。若游客邀请地陪参加，地陪要注意不要反客为主。若已定风味餐游客又决定不去，导游人员应劝他们在约定时间前往餐厅，并告知若不去用餐须赔偿餐厅的损失。

（9）旅游旺季团餐服务

在旅游旺季，旅行社预订的餐馆常会人满为患，这时安排团餐一定要适时而定、灵活多变。地陪带团到指定餐馆用餐时，若发现碰到人多需要排队等候，地陪要立即与其他餐馆联系订餐，以避免就餐拥挤现象发生。另外，因餐馆进餐人数多而饭菜质量下降或者等待上菜时间太长，地陪有权找餐馆的负责人要求餐馆做加菜等补偿。

（三）餐后服务

用餐完毕后，地陪应尽快与用餐单位结账或签单，并严格按照实际用餐人数、标准、饮用酒水数量等，如实填写餐饮结算单。地陪还要提醒游客不要遗落自己的随身物品，并告知下一步活动安排、集合地点和时间。

五、送团服务

（一）送团前的服务

1. 核实、确认交通票据

旅游团离开本地的前一天，地陪应认真做好旅游团离开的交通票据核实工作，核对姓名、人数、去向、航班（车次、航次）、起飞（开车、起航）时间（计划时间、时刻表时间、票面时间、问询时间），清楚起程的机场（车站、码头）的位置等事项。如果所乘交通工具的班次和时间有变更，地陪应向内勤或计调人员问清是否通知下一站接待社，以免造成漏接或空接；应提醒全陪向下一站交代有关情况。

如果旅游团是乘飞机从本站离境，地陪应提醒或协助领队提前 72 小时确认机票。

2. 确定出行李的时间和方法

如旅游团有大件行李需要托运，地陪应在该团离开本地的前一天与全陪或领队商量好出行李时间，并通知游客和饭店行李房。地陪要向游客讲清楚托运行李的具体规定和注意事项，如每人限带的行李重量、体积、件数；不要将身份证件及贵重物品放在托运行李内；托运的行李必须包装完整、锁扣完好、捆扎牢固，并能承受一定的压力；禁止托运的物品要取出等。

出行李时，地陪应与全陪、领队、行李员一起清点，最后在饭店行李交接单上签字。

3．商定出发时间

因司机比较了解路况，地陪应先与司机商定出发时间，然后征求全陪或领队的意见，确定后再通知全体游客集合出发的时间及地点。地陪要向游客强调准点出发的必要性，否则将极易引起误机（车、船）。

4．做好提醒和结算工作

地陪应提醒游客尽早与饭店结清有关账目（如洗衣费、长途电话费、饮料费等）。若游客损坏了饭店的设备，地陪应协助饭店妥善处理赔偿事宜。地陪还要及时通知饭店有关部门旅游团的离店时间，提醒其与游客结清账目。

在离开旅游活动最后一站前，地陪还应与全陪办理好结算手续，并妥善保管单据。

5．及时归还证件

一般情况下，地陪不应保管旅游团的证件，如果临时要用应当当场收取，用完后立即归还游客本人或领队。在离站的前一天，地陪要检查自己的物品，看是否保留有游客的证件、票据等，一经发现要立即归还，并当面点清。

对从本站离境的旅游团，地陪要提醒领队准备好全团护照和申报单，以便交给边防站和海关检查。

（二）离店服务

1．交运行李

旅游团离开饭店前，地陪要按事先商定好的时间与饭店行李员办好行李交接手续。游客的行李收齐、集中后，地陪应与全陪、领队一起清点行李的件数，检查行李是否上锁、捆扎是否牢固、有无破损等，然后交付饭店行李员，填写行李运送卡。

2．办理退房手续

在游客即将离开饭店时，地陪要到总服务台办理退房手续。按事先约定的时间，将游客集中在饭店大堂，收齐房间钥匙后交饭店前台办理退房手续。同时，还要提醒游客随身带好个人物品和旅游证件，询问游客是否已经与饭店结清账目。

3．集合、登车

离店手续办理妥当后，地陪立即组织游客上车入座并清点人数。游客到齐后，再次提醒游客查看个人证件、主要财物及行李物品是否带齐。确定无误后，征得全陪同意，请司机开车。

（三）送行服务

1. 致欢送词

在赴机场（车站、码头）途中，地陪应向全体游客致欢送词。欢送词可以加深地陪与游客间的感情。致欢送词时语气应真挚、富有感情。一般欢送词包括：①感谢语，对全陪、领队、游客及司机的合作分别表示谢意；②惜别语，表达友谊和惜别之情；③征求意见语，诚恳征求游客的意见和建议；④致歉语，对行程中有不尽如人意之处，请求原谅，并向游客赔礼道歉；⑤祝愿语，期待再次相逢，表达美好的祝愿。

2. 征求意见

地陪在致完欢送词后，应向全体游客发放旅游服务质量意见反馈表，并请游客认真填写。

3. 提前抵达离站地点

地陪要带团提前到达机场（车站、码头），为游客办理相关手续留出充裕的时间。一般来讲，出境或去沿海城市的航班要提前 2 小时（有些繁忙的机场，如北京机场要求旅客提前 3 小时到达）；一般国内航班需提前 1.5 小时；乘火车等提前 1 小时。

在旅游车到达机场（车站、码头）后、游客下车前，地陪要提醒游客带齐随身行李物品，照顾全体游客下车。待全团游客都下车后，地陪再次检查了车内是否有游客遗落的物品，并请旅游车司机清理车厢，约好等候时间及地点。

4. 办理离站手续

（1）国内航班（车、船）的离开手续

移交交通票据及行李票。到机场（车站、码头）等候大厅后，地陪应将交通票据和行李托运单或行李卡一一清点无误后交给全陪或领队，请其清点核实。

等旅游团所乘交通工具启动后，地陪方可离开送站地点。

（2）国际航班（车、船）的出境手续

送出境的旅游团，地陪要和领队、全陪一起（与旅行社行李员）交接行李，清点、核查后协助将行李交给每位游客，由游客自己携带行李办理托运手续。地陪要向领队（或游客）介绍办理出境手续的程序，并将返程交通票据交给全陪。

在旅游团进入隔离区后，地陪、全陪方可离开送站地点。

5. 与司机结账

送走旅游团后，地陪要与旅游车司机结账，核实用车里程数并在用车单据上签字，保留好单据。

（四）后续工作

1. 处理遗留问题

下团后，地陪要认真、妥善地处理旅游团的遗留问题，按有关规定和领导指示办理游客委托办理的事宜。

（1）要求转递信件和资料

如果游客要求地陪转递信件或资料，地陪应说服游客自己办理邮寄手续，但必须提供必要的协助。如果地陪答应转递，则应做必要的记录并留下委托者的详细通信地址；收件人收到信件或资料后，要出具收据，交旅行社保存。

（2）要求转递物品

如果游客要求地陪转递物品，地陪必须问清何物。若物品中包含有食品或药品，地陪应婉言拒绝，请其自行处理。若是应税商品，应促其纳税。若是贵重物品，地陪一般要婉拒。无法推脱时，应请游客书写委托书，注明物品名称及数量并当面点清，留下通信地址，收件人收到物品后要写收条并签字盖章，地陪要将委托书、收条等一并交旅行社保存。

2. 工作汇报和总结带团经验

在带团结束后、结账前，地陪应尽快上交带团总结和游客所填写的旅游服务质量意见反馈表。在书面总结中，地陪应写清主要开展的服务工作、游客对各方面接待服务的反映和个人感受，要求地陪实事求是地汇报带团情况，涉及游客意见的要尽量引用原话。如果旅游中发生重大事故或严重服务缺陷，地陪要单独整理成文字材料向旅行社和组团社汇报。

为了更好地提高自身导游业务水平，地陪在下团之后，还应对自己在本次带团过程中的方方面面进行经验总结和分析，需要吸取教训，及时改进提高。

3. 结清账目、归还所借物品

地陪要按照旅行社的具体要求并在规定的时间内，填写清楚有关接待和财务结算表格，连同保留的各种单据、接待计划、活动日程表等，按规定上交有关部门存档，并到财务部门结清账目。如果在带团过程中发生了意外开支，地陪要详细注明增加开支的原因及处理过程。

地陪应按财务规定，尽快报销差旅费，领取带团补贴。

地陪应尽快归还出团时所借的某些物品，如社旗、扩音器等。若应归还的物品有破损或丢失，应按旅行社规定办理。

情景实训 1

导游讲解是导游人员工作的基本环节之一，好的讲解可以使游客增长见识、丰富阅历。致欢迎词好比一场戏的序幕，一篇乐章的序曲，一部作品的序言。致欢迎词是给游客留下良好第一印象的极佳机会，导游人员应当努力展示自己的艺术风采。

一、实训目标

要求学生创作欢迎词并能规范地讲解欢迎词。

二、实训任务

创作欢迎词的实训内容见表 4-5。

表 4-5　创作欢迎词的实训内容

实训内容	创作欢迎词	实训时间	
实训小组		小组成员名单	
具体任务	以小组为单位按照欢迎词包含的基本要素各自独立创作欢迎词，练习导游讲解，训练导游讲解能力，在班级进行分享交流		
作品提交	1）PPT 和打印稿各一份（小组合作完成） 2）展示报告：生生互评，组组互评		
实施过程	一、活动设计及规划 1）播放歌曲《有缘同行》创设情景 2）将学生分为三组，创作欢迎词，讲解欢迎词 3）各组推选代表展示成果，全体同学评价，小组之间互评 4）教师分析点评		
	二、活动实施 1）以学生为中心，将学生分为三组，按照欢迎词包含的基本要素创作欢迎词：①小组内模拟讲解；②组员相互点评，查找不足，修改导游词；③选出代表在全班展示讲解欢迎词 2）教师提出要求和注意事项，引导学生分析、思考、拓展 3）教师针对活动中存在的问题，及时纠正、点评		

三、实训评价

创作欢迎词的实训评价见表 4-6。

表 4-6　创作欢迎词的实训评价

评价标准及分值	A 等（9~10 分）	B 等（7~8 分）	C 等（7 分以下）
内容全面（3 分）			
普通话标准（2 分）			
仪态大方（2 分）			
新颖、有感染力（1 分）			
条理清晰（2 分）			
综合评价			

情景实训 2

导游人员，是一座城市的文明大使，也是一座城市的名片。尽管不了解的人看着简单，但真要做好，并非易事。

一、实训目标

要求学生了解地陪的服务流程及岗位标准，能够掌握规范的地陪服务操作程序。

二、实训任务

青岛希望国旅导游人员小张接到旅行社计调的通知：一个北京旅游团将于 10 月 1～5 日来山东做青岛—威海—蓬莱三地游。为了更好地接待旅游团，青岛希望国旅决定对地接导游进行相关培训。地陪服务的实训内容见表 4-7。

表 4-7　地陪服务的实训内容

实训内容	地陪服务	实训时间	
实训小组		小组成员名单	
具体任务	以小组为单位按照导游服务流程模拟地陪带团流程，在班级进行模拟带团。熟悉地陪的主要服务流程及岗位标准		
作品提交	1）PPT 和打印稿各一份（小组合作完成） 2）展示报告：生生互评，组组互评		
实施过程	一、活动设计及规划 1）回顾地陪服务流程，巩固相关知识点 2）将学生按照导游服务流程分为五组，根据设置任务进行模拟训练 3）各组模拟展示服务流程，全体同学评价，小组之间互评 4）教师分析点评		
	二、活动实施 1）以学生为中心，将学生按导游服务流程分为五组。各组围绕带团任务，归纳各自服务流程中的主要工作及岗位标准，分工完成并写出服务流程，并模拟带团过程 2）教师提出要求和注意事项，引导学生分析、思考、拓展 3）教师针对活动中存在的问题，及时纠正、点评		

三、实训评价

地陪服务的实训评价见表 4-8。

表 4-8　地陪服务的实训评价

评价标准及分值	A 等（9～10 分）	B 等（7～8 分）	C 等（7 分以下）
程序顺畅合理（2 分）			
讲解清楚（2 分）			
礼仪得体（2 分）			

续表

评价标准及分值	A 等（9~10分）	B 等（7~8分）	C 等（7分以下）
应变能力强（2分）			
分工合理（1分）			
设计合理（1分）			
综合评价			

拓展阅读

网约导游人员：旅游行业的"网约车"？

2016年8月8日，湖北姑娘王琰斓一踏上济南的土地，就迫不及待要开始一场泉水之旅。展开地图，烦琐的线路图和景点令她不禁皱起眉头，在朋友推荐下，她通过线上旅游网站联系到一位济南当地导游人员，开启了一场私人定制化旅行。

如今，像王琰斓一样在线上旅游平台预订网约导游人员的游客越来越多。2016年8月24日，国家旅游局（现文化和旅游部）召开全国导游体制改革试点工作会议。开展导游人员自由执业试点后，各大在线旅游平台纷纷试水网约导游人员。近年来，网约导游订单量显著增加，随着政策不断完善，在不少从业者眼中，网约导游人员有望成为旅游行业的"网约车"。

1. 网约导游人员订单量显著增加

"这是一次令人愉快的私人定制旅行！"刚刚结束泉水之旅的王琰斓表示，旅行中，不得不提的是她选择了一位网约导游人员。初到济南，在朋友推荐下，她打开一款知名线上旅游 App，搜索济南当地导游人员。根据人气高、口碑好、服务佳等条件筛选后，导游况小川映入她的眼帘。"为了照顾老人，导游人员合理安排行程""不仅熟悉路况，还给我们讲当地故事"……一条条接地气的评价让王琰斓最终选择了况小川。

在况小川记忆中，这是他在这个平台上接到的第230位私人定制旅客。目前，他在飞猪、途牛网、同程网等多个网站上注册了网约导游人员的信息。2016年5月，国家旅游局（现文化和旅游部）在部分城市开展线上线下导游自由执业试点工作；2016年8月，国家旅游局（现文化和旅游部）召开全国导游体制改革试点工作会议，全国导游公共服务监管平台同时启动。从那时起，多个在线旅游平台纷纷建立网约导游服务系统。导游人员登记上身份证、导游证、收费标准等基础信息后，就成为一名网约导游人员了。

目前，况小川就职的旅行社在青岛，但接入网约平台后，从业不再限于一个地方。他辗转于济南、青岛等多个省内景点带私人定制团。两年间，从一开始的无人问津，到订单和咨询量成倍增加，况小川的经历一定程度上代表着网约导游人员的发展状态。

2. 游客追求深度游不再走马观花

在导游行业工作近10年的白成于2016年注册成为一名网约导游人员。在他看来，网约导游人员主要走私人定制化旅游方案。这样的旅行方式，不再像以往大团队走马观花式的游览，更多是深度游和度假的结合。

2016年8月，白成通过在线旅游平台接到来自台湾游客王先生的信息。次日，他从位于泉城路的一家酒店接上王先生，开始了泉城之旅。在趵突泉，白成带王先生一边欣赏喷涌而出的泉水，一边讲述它的历史。为了让游客感受泉水的甘甜可口，他自掏腰包买了一碗泉水冲泡的大碗茶。之后，白成又带王先生游览了芙蓉街、曲水亭街，吃了烤地瓜和油旋。返程时，王先生对白成说："我永远忘不了济南泉水和地瓜的香甜！""网约导游人员走的定制式旅行，让游客从语言想象深入到感官体验，从单纯的走马观花转变为对风土人情的了解。"白成认为，这种体验是以往旅游团无法做到的。

作为一名游客，刘蓓也亲身体验了网约导游人员定制化服务带来的便捷。2016年和2017年，她先后两次从济南报团前往日本旅游。值得注意的是，两次旅行团中都有东京皇宫和浅草寺两个景点。她提前询问旅行社VIP导游人员的价格，得知需要花费上万元后，只能望而却步。2018年，在搜索某在线旅游平台时，她看到当地一位华人导游人员仅需要400元的导游费，顿时燃起旅行的欲望。

行程灵活、有深度、定制化、性价比高，这些优势成为近年来网约导游人员认可度提升的主要原因。"之前，游客会咨询安全性、强制购物等问题，如今游客对于网约导游人员的观念转变很大。"前不久，况小川接待两位游客时，还没有仔细介绍旅游须知，两位游客就告诉他，他们已经自行购买了保险等服务。

3. 摆脱对购物提成模式的依赖

作为旅游从业者中的一员，白成深知做导游人员的不易。旅行社订单考核、旅游业恶性竞争导致团费下降……这些因素让不少导游只能从游客购物消费等途径赚取收入。随着导游自由执业试点启动，各大旅游电商平台纷纷试水网约导游，一定程度上为导游人员增加了收入渠道。尽管大多数在线平台都抽取佣金，但10%左右的比例仍比许多线下旅行社低很多。

电商自带的信息化优势成为抢占市场的筹码。况小川介绍说，多数在线旅游平台都为消费者提供了便捷的联系方式。要么是游客填好信息，对方5分钟内回电话；要么就是点击"电话"按键，直接联系到导游人员。此外，电商平台依靠大数据支撑，根据游客预订的酒店和机票信息，也会自动推荐当地导游服务，从而增加了网约导游人员的订单量。

4. 导游人员违规将面临双重制裁

如何对网约导游人员的不规范行为进行监管？在况小川看来，市场机制是第一道门槛。目前，许多电商平台都提供客户评价系统。"一个差评会让这位导游人员之前上百单的好评付之东流。"线上旅游平台大多会按照好评率、回复客户效率、回答问题水平等条件进行排序，差评多的会被逐渐淘汰，被投诉的会被直接下线或者除名。

其实，除了依靠市场淘汰，还有法律层面监管。况小川告诉记者，不少网约导游同时就职于地方旅行社，旅行社在旅游局有保证金。如果游客遭遇问题，这部分保证金将首先用于赔偿。事实上，在网约导游实行之初，原国家旅游局（现文化和旅游部）就规定，如果网约导游人员有欺客、宰客，强迫游客购物的，经游客举报核实，将按照《导游人员管理条例》相关条款处罚，情节严重的会被吊销导游证。

　　除了规范市场，部分自由从业者期待拥有更多与旅行社旗下导游人员同等的权利。在况小川的印象中，自由执业相关政策出台后，不少未从业的持证者回归旅游业。导游自由执业为这部分人群提供了就业机会，也增加了旅游业的市场活跃度。不过，部分从业者认为："尽管大环境更宽松了，但小政策并没有跟上大政策的步伐。"例如，导游人员购买团队票时，景点往往要求出具旅行社证明，而自由执业的导游人员就购买不了团队票，享受不到同等优惠。随着市场机制逐渐完善，部分从业者希望国家能够给予自由执业的导游人员同等权利。"政策完善了，相信更多人会加入这个队伍，网约导游人员在旅游市场的影响力，也有望像网约车那样成为市场不可缺少的组成部分。"况小川说。

（资料来源：http://www.360kuai.com/pc/9192b703ae9ff4fe0?cota=4&kuai_so=1&tj_url=so_rec&sign=
360_57c3bbd1&refer_scene=so_1.）

项目五　会务岗位

🌸 项目导读

万科总裁王石曾说过一句话："我如果不是在开会，就是在去往下一个会议的路上。"会议是重要的沟通方式，与我们的工作生活密不可分。身处社会中，每个人都会或多或少地参加一些会议。围炉而坐的家庭小会离不开主人的精心布置；金碧辉煌的大会议厅里举办的国际会议，更少不了忙前忙后的服务人员。本项目将带领大家走进会议，体验会议服务，掌握会务专员的工作程序和岗位标准。

🌸 项目目标

1）了解会议的类型。
2）理解会议服务员应具备的基本素质和能力。
3）掌握会务工作流程。

任务一　感知会议服务

 案例引入

今天是学校的职业认知日，郑涛和同学们在老师的带领下，走进了先锋旅行社。在了解了导游、财务、票务、电商、行政部门后，郑涛发现还有一个会奖部，他很好奇地问老师，会奖部是做什么工作的？老师介绍它是提供会议和旅游等服务的。郑涛眼前浮现出电视中看到的 G20 杭州峰会的场景：宏大的会议厅、一排排整齐有序的会议桌、神秘的同声传译……他也想成为一名会务专员。会务专员的具体工作是怎样的呢？

知识准备

一、会议的基本要素

什么是会议？根据世界旅游组织（World Tourism Organization，UNWTO）的解释，会议主要是指一群人聚集到某个地方，来商讨某件事情或举办一项活动。会议的主要目的是激励参与者开展业务活动、分享观点及学习等。世界旅游组织在报告中指出，会议主要有三个条件：一是会议持续时间；二是会议规模；三是会议场所。

会议可以开得富有成效、妙趣横生，也可以开得死气沉沉、毫无建树，这取决于与会者交流的方式及会议的议题等。要确保会议取得理想的效果，必须了解会议的基本要素，只有在完成基本要素的基础上才有可能取得成功。会议的基本要素包括以下内容。

1）组织者：没有人组织、没有机构发起，就不会有会议。

2）参与者：如果没有人参加，无论谁来组织，任何会议都不会出现。这里指的是参加会议的正式成员，包括主持人。

3）主持人：会议主持人通常由有经验、有能力、懂行的人，或是由有相当地位、威望的人担任。

4）议题：会议所要讨论的题目、所要研究的课题或所要解决的问题。

5）名称：正式会议必须有一个恰当、确切的名称。

6）时间：会议举办的周期、时间节点安排、流程设计等。

7）地点：会议选择的目的地及场所，会议场所及举办空间的特点。

8）形式：会议参与者获得会议内容的方法。

9）目的：举办该会议的原因。它对于组织者、参与者的意义。

10）活动：会议主要的活动安排、它们的价值，以及参与活动的方法。

二、会议的基本类型

2014 年 8 月 1 日，国家标准《会议分类和术语》（GB/T 30520—2014）的发布实施，标志着会议产业乃至会展业正朝着标准化、专业化的进程发展。《会议分类和术语》从不同的角度、采用不同的标准将会议划分为不同的类型，具体内容见表 5-1。

表 5-1　会议类型

分类依据	会议类型	指标要求
按主办单位	企业会议	由企业主办，以行政、管理、技术、营销等为主要内容，以促进企业的发展为主要目的
	社团会议	由协会、公会、妇联、学联、学会、商会、基金会、研究团体等各种社会团体主办
	政府会议	由政府机构主办
	事业单位会议	由学校、医院、科研机构、文艺团体等事业单位主办，以文化、教育、卫生、体育、科学技术为主要内容
按规模	小型会议	参会代表人数少于 199 人
	中型会议	参会代表人数在 200～799 人
	大型会议	参会代表人数在 800～1999 人
	特大型会议	参会代表人数在 2000 人以上
按举办周期	定期会议	按照固定时间间隔召开
	不定期会议	召开时间间隔不固定或因突发性事件而临时召开

三、区别与会议有关的概念

会议和展览两个概念之所以经常被人们混用，就是因为这两种活动类型在市场运行中常常是交织在一起的，随着会议展览业的进一步发展，"会中带展""展中带会"的情况也越来越多。

会议与展览活动从活动形态上都属于旅游的范畴，国际上普遍将会议和展览都归于旅游业来进行统一管理与协调。

世界旅游组织认为，会议产业主要包括会议、展览及奖励旅游三个方面。这是迄今为止国际上对于会议产业最权威的解释。

1. 会议

会议是指有组织、有领导、有目的的议事活动，它是在限定的时间和地点，按照一定的程序进行的。会议一般包括议论、决定、行动三个要素。因此，必须做到会而有议、议而有决、决而有行，否则就是闲谈或议论。会议是一种普遍的社会现象，几乎有组织的地方就会有会议，会议的主要功能包括决策、控制、协调和教育等功能。

现代会议正朝着多元化方向发展，很多是直接带有商业目的并能产生巨大经济效益的，如各种高峰论坛、专家培训会议等。会议的一般操作原理是会议的主办者制订举办会议的计划并委托给承办者，承办者将围绕既定的主题进行精心设计，并在市场上联系会议的买家、相关人员及举办场所，最后自己接待会议，或将业务分包给会务公司。

2. 展览

展览会是指由单位和组织指导主办，另一些单位和组织承担整个展览期间的运行，通过宣传或广告的形式邀请或提供给特定人群和广大市民来参观欣赏交流的一个聚会，比较常见的有画展、车展、房展等。

展览必须具备场地、参展方、展品、主办方、承办方、观众六个基本条件。在通常情况下，举办展览是参展的单位或个人对外展示自己在某一阶段时间内取得的成果和成就，并通过一个适合自己表达的场地与观众分享成就的一个过程。

3. 奖励旅游

通常认为，奖励旅游是会展的一部分，主要指利用举行各种会议、大会和展览活动的机会所开展的特殊旅游活动。它是公司为了激励成绩优秀的员工、经销商或代理商而专门组织的旅游活动。

会议奖励旅游以规模大、时间长、档次高和利润丰厚等突出优势，被认为是高端旅游市场中含金量最高的部分。不少公司奖励旅游的目的在于传播企业文化，加强企业的团队建设。

四、会务专员的岗位职责

会务专员是指策划、组织、实施、监督企业内部会议、商业会议、企业市场公关等各类活动的专职人员。他们负责从会议的前期准备到会议举行过程中的嘉宾签到、住宿、交通及会议结束后的总结与反馈等各项工作，会务专员具体的工作内容如下。

1）在会务经理的领导下，负责各类会议的接待、服务工作。

2）遵守各项规章制度，按照《员工手册》规范自己的行为。

3）按要求布置会场，做好会议前期各项准备工作。

4）遵守服务程序和服务规范，热情、主动、有礼貌地接待客户。

5）仪容整洁、统一着装、佩证上岗。

6）保证会场清洁卫生、空气清新。

7）负责会场的设备、设施正常使用。

8）严格遵守各项规章制度和保密规定。

五、会务专员的基本要求

1. 初级会务专员的基本要求

（1）初级会务专员的知识要求

1）具有高中文化程度或同等学力。

2）了解服务心理学的基础知识和仪容仪表、社交礼仪知识。

3）了解本岗位工作职责、服务规范、保密规则及职业道德方面的知识。

4）了解我国及本地区的经济、社会发展和城市建设概况。

5）了解内事、外事活动的服务规程及一般会务接待知识。

6）了解各类会议正确的座位安排和环境布置等。

7）了解会务接待常用的布件、茶具、器皿、娱乐设施和其他用品的使用及分类保管知识。

8）了解会务接待服务常用的酒类、饮料、果品、花卉的名称、产地、特点和价格。

（2）初级会务专员的技能要求

1）按照会务接待规程，做好会务活动所需的各项服务工作。

2）能正确地完成摆台、托盘、斟酒、端茶、送水等工作。

3）能正确地完成插花、送花、摆花等工作。

4）能正确地使用和保养会场常用的各种设备和用品。

5）能正确处理接待或会议过程中发生的一般问题。

6）能规范、礼貌接听电话并进行准确判断和处理。

7）普通话达到二等乙级，会熟练应用英语等至少一门外语。

2. 中级会务专员的基本要求

（1）中级会务专员的知识要求

1）熟悉内事、外事活动及中型会议会务接待工作流程、岗位设置和职责、人员配备及保密要求。

2）熟悉各类会议的特点及会议的布置和装饰要求。

3）熟悉世界主要国家、地区的地理环境、自然条件、民族风俗和国外主要民族、国内少数民族的宗教信仰和生活习惯。

4）掌握各类会务接待服务工作的规律和要求。

5）掌握服务对象的生活习惯及工作特点，开展有针对性的政务服务和后勤服务。

6）掌握安全使用电气设备及消防设施的知识。

（2）中级会务专员的技能要求

1）能按照各类会议的要求，迅速、准确无误地对会场进行安排、布置和装饰。

2）能熟练地掌握会务接待服务需用的旗帜、花卉及其他物品的摆设、使用等。

3）有较好的语言表达能力，并熟练使用一门外语进行工作会话；具有一定的组织管理和协调、沟通能力，能指导初级会务接待服务员工作。

4）能及时发现并排除会务接待场所常用设备、器具的一般故障。

5）能对会务接待服务中出现的特殊情况做出正确的判断，找出原因，提出解决方案并予以实施。

6）能注意搜集会务服务、接待对象的信息，并及时、恰当地做出反馈，能做好会务、接待服务的登录及存储工作。

3. 高级会务专员的基本要求

（1）高级会务专员的知识要求

1）掌握服务心理和管理心理学知识。

2）掌握与会议、接待服务有关的法规、政策和制度。

3）掌握内事、外事活动及大型会务接待服务工作的规律、服务规程及操作方法。

4）熟悉世界主要国家和地区及国内主要城市的风土人情、历史沿革和我国现行的外交、民族政策。

5）掌握各类会议、会场的空调、视听、照明等常用设备的工作原理、使用及维护保养知识。

6）具有预防或处理特殊事件的知识。

（2）高级会务专员的技能要求

1）能准确判断服务对象的心理，迅速领会其意图，及时满足其需要。

2）能根据要求运用现代科技进行大型内事、外事活动和重要会议的模拟、设计，配合主管部门进行现场调度、演练。

3）具有与相关部门和人员及时进行沟通、协调的能力，以确保会务接待服务的质量。

4）具有较强的语言表达能力，服务语言运用准确得体。能用一至两门外语和两种以上主要地方方言进行日常工作会话。

5）能归纳和制定、完善岗位服务要领和服务规范。

6）具有较强的组织管理能力，能运用信息化手段培训和指导中级会务接待服务员工作。

情景实训1

作为一种新型的产业，会议产业正在迅速发展。它起源于欧洲和北美洲，目前已经成为全球性的产业。会议复杂多样、种类繁多，每类会议都有其各自的特点和办会要求。

一、实训目标

要求学生了解和掌握会议的类型，更好地认识和组织会议，能够在更大的程度上发挥会议的作用。

二、实训任务

了解会议的类型实训内容见表 5-2。

表 5-2　了解会议的类型实训内容

实训内容	了解会议的类型	实训时间	
实训小组		小组成员名单	
具体任务	以小组为单位调研当地会展业发展情况，搜集当地举办的大型会议资料，并进行归类；在班级进行分享交流		
作品提交	1）PPT 和打印稿各一份（小组合作完成） 2）展示报告：生生互评，组组互评（要求包含特色及优缺点分析）		
实施过程	一、活动设计及规划 1）播放青岛上合峰会场景视频，创设情景，激发学生强烈的求知欲望 2）将学生分为三组，进行资料收集、分析并整理（注：每组仅负责其中一项内容） 3）各组推选代表展示成果，全体同学评价，小组之间互评 4）教师分析点评 二、活动实施 1）以学生为中心，将学生分为三组：第一组探究会议的类型并结合当地情况举例说明；第二组探究会展业发展的新趋势，确定展示内容；第三组探究当地旅行社会展业务开展情况，并展示内容 2）教师提出要求和注意事项，引导学生分析、思考、拓展 3）教师针对活动中存在的问题，及时纠正、点评		

三、实训评价

了解会议的类型实训评价见表 5-3。

表 5-3　了解会议的类型实训评价

评价标准及分值	A 等（9~10 分）	B 等（7~8 分）	C 等（7 分以下）
内容组织全面（2 分）			
语言表达清晰（2 分）			
仪容仪表得体（2 分）			
条理清晰（2 分）			
团队合作能力强（2 分）			
综合评价			

 情景实训 2

有人称会奖人是服务业的精华，那是因为会务是服务行业中涉及学科知识最广、专业技能最多的一个复合型工种，具有很强的综合性和协调性。会务专员不仅要掌握服务心理，还要掌握与会议、接待服务有关的法规、政策和制度。

一、实训目标

要求学生掌握会议服务员需要具备的素质和技能，并对自身的职业生涯进行设计。

二、实训过程

成为优秀的会务专员的实训内容见表 5-4。

表 5-4　成为优秀的会务专员的实训内容

实训内容	成为优秀的会务专员		实训时间	
实训小组			小组成员名单	
具体任务	自我评估，并进行职业能力分析，完成职业生涯规划的初步任务			
作品提交	职业生涯规划书			
实施过程	一、活动设计及规划 1）审视自我：引导学生用归零思考法，进行自我评估；创设情景，指导学生树立职业意识 2）教师讲解专业的社会需求：指导学生收集信息、分析信息 3）职业能力分析：指导学生以表格形式将自己的各项能力方案细化，制订相应的远期和短期目标 4）教师适时指导点评 二、活动实施 1）教师提出要求和注意事项，引导学生分析、思考、拓展 2）教师针对活动中存在的问题，及时纠正、点评			

三、实训评价

成为优秀的会务专员的实训评价见表 5-5。

表 5-5　成为优秀的会务专员的实训评价

评价标准及分值	A 等（9～10 分）	B 等（7～8 分）	C 等（7 分以下）
自我分析清晰（2 分）			
能力提升方案合理（3 分）			
目标合理（3 分）			
介绍清楚（2 分）			
综合评价			

拓 展 阅 读

未来会奖业需要的五种人才

一个行业在发展的不同阶段所需要的人才是不同的，会奖业在发展初期需要的主要是操作性人才。到了发展中期，随着市场运行逐步成熟，增强市场竞争力、提升品牌形象成了企业关注的重点。市场环境变了，人才结构也要发生变革。从角色定位的角度分析，中国会奖业未来所需的人才主要有以下五种。

1．设计人才

与其他行业相比，会奖业所需的设计不仅难度更大，复杂程度也更高。会奖设计，不仅有数字的，还有平面的、立体的；不仅有视觉的，还有场景体验所需的触觉、听觉、味觉、嗅觉等各种表现方式。

2．创意人才

创意在先，设计在后。除了像设计师一样，具有丰富的想象力及对于时尚、流行、体验、场景有深刻的理解之外，创意师还需要有广博的知识、充足的阅历及出色的文字功底。

3．营销人才

随着潜在客户基数不断增多、竞争日趋激烈，市场营销与品牌建设就成了不得不做的事情。会奖营销怎么做、会奖企业的品牌如何传播，需要有专业的人才来完成。

4．项目运营人才

企业需要的是新型的项目运作人才，他们敢于尝试新技术、新手段，他们是企业使命的践行者和品牌的创建者。

5．执行人才

如果说项目总监是支撑建筑物的台柱子，那么执行人员就像架在柱子之上的一根根檩条和椽子，控制着每一个节点。未来，借助更多的在线工具，执行人员一方面可以把握更多的节点，另一方面可以把项目完成得更加标准而圆满。

（资料来源：http://www.sohu.com/a/124004636_230487）

任务二　体验会议服务

📷 案例引入

2018 年 9 月 20 日是青岛某旅游学校的 60 周年校庆日，届时，来自天南海北的校友们将回到母校，参加校庆活动。为举办好此项活动，学校特成立校庆筹备委员会，为扩大影响力，将策划一场会议论坛。

郑涛作为校庆志愿者被安排到庆典活动组服务，他很兴奋，拿到活动执行方案书后，便开始研究起来。充分的准备是成功的一半，会前的准备工作到底要从何处入手呢？会议中，郑涛需要做什么？会议结束后的工作又有哪些？

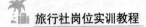

 知识准备

一、制订会议接待方案

1. 了解会议服务需求

与会议主办方洽谈，了解会议的主题、目标、参会对象、会议的规模、规格及有无特殊要求（尤其是对会场、酒店、餐饮、服务的要求等）。

2. 签订会议服务合同

成功承办一次会议，会涉及方方面面的利益和关系，要用合同的方式将双方的权利义务固定下来。首先，与会议举办方签订会议服务合同；其次，围绕会议时间、会议需要、房间数、会场要求、用餐要求、活动安排流程、会议消费价格等与会议举办地签订合同；最后，与当地旅行社签订合同（内容主要包括旅游时间、景点线路、旅游车辆、旅游价格、服务项目明细、自费项目、导游服务要求等）。

3. 制订会议服务方案

会议接待方案是会议的指导，是会议接待工作顺利进行的重要保障。其主要内容包括：①会议主题；②会议时间；③会议地点；④环境布置；⑤会议内容（会议时间、会议地点、会议内容、会议布置）；⑥会议接待。

二、会前准备工作

1. 准备用具

根据客户的要求准备好各种用具和设备。

读一读

一般会议用品准备清单

1）基本设施：签到台、桌椅、讲台、布件、席位卡、地毯。
2）装饰用品：绿植、花卉、旗帜、会标、会徽、画像、横幅。
3）会场用品：茶具、酒水饮料。
4）记录用品：笔、墨、纸、白板、电脑等。
5）视听器材：投影仪、摄像机、调音设备、同声翻译系统。
6）印刷设备：打印机、扫描仪、复印机等。
7）会议登记资料：会议登记表、会场入场证、会议资料袋、登记者名单表、签到表。
8）专门用品：开幕式剪彩用的彩球和剪刀，颁奖会的奖品、证书等。

2. 确定台型

会场的布置，对于举办一场会议起着极为重要的作用。因此，在会议前期，就需要根据会议类型及场地进行合理布置，打造一个高端大气的会议举办场所。常见的会场布置类型见表5-6。

表5-6 常见的会场布置类型

类型	项目		
	桌形摆设	主要特点	适用情况
剧院式	在会议厅内面向讲台摆放一排排座椅，中间留有较宽的过道	主席台和代表席面对面，突出了主席台的地位，会场气氛严肃和庄重	大中型的报告会、总结表彰会、代表大会等
教室式	按教室布置会议室，每个席位的空间将根据桌子大小有所不同	可针对面积和人数灵活布置，与会者有桌子可放置资料和笔记	中小型工作会议
U形	会议桌摆设成一面开口的U字形状，椅子放置在U字形办公桌周围	容纳人数最少	小型的、讨论型会议
宴会式	由大圆桌组成，每个圆桌可坐5～12人	有利于同桌人的互动和交流	中餐宴会和培训会议
长方形	将桌子摆成长方形中空，前后不留缺口，椅子摆在外围	容纳人数较少，对会议室空间也会有一定的要求	学术研讨会

3. 布置会场

1）准备所需设备（如灯光、音响设备、话筒、空调等）完好、有效。

2）准备服务用品（如台布、灯光、桌裙、铅笔、信纸、茶杯、会标、指示牌、鲜花等）齐备、清洁、完美。

3）台型设置合理、符合要求，桌子摆放整齐，桌位等于或略多于会议人数。

4）摆信笺时，信笺中心线在一条直线上；笔尖朝前成45°，标志朝上。

5）摆茶杯时，茶杯要洁净，茶叶色泽好、无变质。香巾篮（盘）完好，左边缘距茶碟2～2.5厘米，香巾温度适宜、无异味。

6）将无线话筒和投影仪调试好，音质好、音量适中、投影清晰。

7）白板笔摆放于讲台旁，白板干净，笔书写流畅。

8）指示牌文字表述清楚，摆放于大堂及会场门口显眼位置，便于指引客户。

9）摆放席位卡，席位卡应庄重大方、摆放整齐。请主办单位反复核对，确保无误。

10）按客户要求制作会标，挂于合适位置，文字正确无误，字迹美观大方。

11）摆放盆花及绿植，新鲜、美观、无枯叶，高矮适合会场环境布置要求。

4. 接待服务准备

1）主席台服务。搞好卫生工作，配齐各类用具，服务人员提前1小时入场，着装统一，会前 30 分钟服务人员统一依次进入会场，提供斟水服务。

2）场内服务。搞好卫生工作，安放好所有指引标志，入场前 1 小时，上岗准备。站在合适位置迎宾或指引入会者。

三、会中服务工作

1）会议过程中，服务员要精神集中，注意观察与会者有无服务要求。

2）会议如设有主席台，应有专人负责主席台的服务。在主讲人发言时，服务员要随时为其添茶续水、送湿巾等。

3）当宾客表示会议期间不用服务时，服务员要在会场外面值班，以备客户需要代办其他事务。

4）会议进行中，如果有电话找人，服务员应问清被找人的单位、姓名，然后礼貌地轻声通知被找客户。如果不认识要找的人，应通过会务组人员去找，绝不可在会场高喊宾客姓名。

四、会后服务工作

1）检查有无客户遗留物品及文件，如有，应及时送交会务组。

2）检查有无损坏的设施设备及用具，如有，应将数目及损坏情况与会务组人员核实后送收银处，仔细、认真、做好记录。

3）请餐厅领班调派人员整理会场，做好卫生清理工作，清点仔细、及时回收。

4）检查设施设备，发现问题及时上报维修，仔细、认真，消除一切安全隐患。

5）主动及时填写会议服务意见单，总结工作，改进服务。

6）严格做好保密工作，不询问、不议论、不外传会议内容和领导讲话内容。

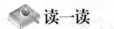 读一读

客户档案的管理原则

1）建立健全客史档案的管理制度，确保客史档案工作规范。建立相关的会展档案资料保管和查阅管理制度，健全借阅管理制度，健全借阅、查询手续，防止会展档案资料的遗失和破损。

2）制订严格的编目和索引，要严格按照既定顺序来存放卡片或使用专用的电脑并做好备份工作。坚持"一客一档"，以便查找和记录并保持客史内容的连续和完整。

3）定期整理。档案是要长久保存的资料，因此必须定期对其整理，纠正一些存放过久及操作失误作废的卡片，以保持客史档案的完备。

4）设置相关职位。大型会展服务企业可配备一名专职档案资料管理员或预订秘书，负责会展资料的收集、整理、归档和提供查询。

5）提供相关信息。会展档案资料管理员要充分利用现存的档案资料，为会展设计和管理提供咨询和参考意见，为会展经理的科学决策提供翔实的资料。

6）收集相关资料。建立班组、管理人员、会展负责人记录管理网，加强服务一线档案资料的收集，全面、迅速、准确地收集各种有价值的会展资料。

7）对 VIP 要建立专门档案，全面收集 VIP 客史资料。

情景实训 1

会议接待方案是指安排与会者的迎送和吃、住、行、游、乐等接待活动及具体事务的文案，属于会议专题策划方案，可以包含在会议总体方案中，也可以单独拟写，作为会议总体方案的附件。

一、实训目标

要求学生了解会议前期筹备工作的内容，能设计会议服务方案。

二、实训任务

制订一份会议服务方案的实训内容见表 5-7。

表 5-7　制订一份会议服务方案的实训内容

实训内容	制订一份会议服务方案	实训时间	
实训小组		小组成员名单	
具体任务	设计一份校庆服务方案，选出最佳方案		
作品提交	1）打印稿各一份（小组合作完成） 2）交流展示：生生互评，组组互评（要求包含特色及优缺点分析）		
实施过程	一、活动设计及规划 1）播放视频，创设情景，激发学生探究兴趣 2）将学生分为四组，进行资料收集、分析并整理（注：四组做同一个任务） 3）各组推选代表展示成果，全体同学评价，小组之间互评 4）教师分析点评 二、活动实施 1）以学生为中心，将学生分为四组，设计各自的校庆服务方案 2）教师提出要求和注意事项，引导学生分析、思考、拓展 3）教师针对活动中存在的问题，及时纠正、点评		

三、实训评价

制订一份会议服务方案的实训评价见表 5-8。

表 5-8　制订一份会议服务方案的实训评价

评价标准及分值	A 等（9~10 分）	B 等（7~8 分）	C 等（7 分以下）
内容组织全面（3 分）			
语言表达清晰（2 分）			

续表

评价标准及分值	A 等（9～10 分）	B 等（7～8 分）	C 等（7 分以下）
有特色（2 分）			
分工合作合理（2 分）			
礼仪得体（1 分）			
综合评价			

 情景实训 2

会议服务流程分为会前、会中、会后三个环节，每一个环节的工作重点不同。在会议的筹备上，可以很清楚地看出一个人的工作能力和思路。

一、实训目标

要求学生掌握如何做好会前准备工作。

二、实训任务

罗列会前准备清单的实训内容见表 5-9。

表 5-9　罗列会前准备清单的实训内容

实训内容	罗列会前准备清单	实训时间	
实训小组		小组成员名单	
具体任务	做好会议筹备工作，罗列会前准备清单		
作品提交	1）打印稿各一份（小组合作完成） 2）交流展示：生生互评，组组互评（要求包含特色及优缺点分析）		
实施过程	一、活动设计及规划 1）播放相关会议会前视频，创设情景，激发学生探究兴趣 2）将学生分为四组，进行资料收集、分析并整理（注：每组仅负责其中一项内容） 3）各组推选代表展示成果，全体同学评价，小组之间互评 4）教师分析点评		
	二、活动实施 1）以学生为中心，将学生分为四组：第一组进行会议物品和设备准备；第二组进行会议迎宾服务和登记服务准备；第三组进行会议接待服务准备；第四组进行会场布置准备 2）教师提出要求和注意事项，引导学生分析、思考、拓展 3）教师针对活动中存在的问题，及时纠正、点评		

三、实训评价

罗列会前准备清单的实训评价见表 5-10。

表 5-10　罗列会前准备清单的实训评价

评价标准及分值	A 等（9～10 分）	B 等（7～8 分）	C 等（7 分以下）
物品准备齐全（3 分）			
服务环节合理（3 分）			
细节体现个性化（2 分）			
小组分工合理（2 分）			
综合评价			

情景实训 3

"细节决定成败"，会议期间的接待、服务工作直观代表着会务人员的素质，也代表着所在公司的形象。迎宾引导、斟茶续水、登记签到、衣帽寄存、茶歇服务等，每一项服务都体现出会务人员的专业技能与素质。

一、实训目标

要求学生掌握专业服务技能，提供高质量接待服务。

二、实训任务

提升服务技能的实训内容见表 5-11。

表 5-11　提升服务技能的实训内容

实训内容	提升服务技能	实训时间	
实训小组		小组成员名单	
具体任务	模拟迎宾引领、斟茶续水、更换烟灰缸、乘坐电梯、茶歇服务、衣帽寄存服务		
作品提交	提升服务技能意见书		
实施过程	一、活动设计及规划 1）播放视频，技能示范，激发学生探究兴趣 2）将学生分为六组，进行实训练习（注：每组仅负责其中一项内容） 3）技能掌握情况检测 二、活动实施 1）以学生为中心，将学生分为六组：第一组进行迎宾引领服务；第二组进行斟茶续水服务；第三组进行更换烟灰缸服务；第四组进行茶歇服务；第五组进行乘坐电梯服务；第六组进行衣帽寄存服务 2）学生进行示范、练习 3）教师纠正、检测点评		

三、实训评价

提升服务技能的实训评价见表 5-12。

表 5-12　提升服务技能的实训评价

评价标准及分值	A 等（9～10 分）	B 等（7～8 分）	C 等（7 分以下）
程序全面（3 分）			
动作标准（2 分）			
注重细节服务（2 分）			
应变能力强（1 分）			
合作意识强（1 分）			
礼仪得体（1 分）			
综合评价			

 情景实训 4

会议结束后的后续工作既是本次会议的收尾工作，也是下一次会议的开始，所以，后续工作也是相当重要的。

一、实训目标

要求学生掌握会议结束后的服务工作。

二、实训任务

做好后续工作的实训内容见表 5-13。

表 5-13　做好后续工作的实训内容

实训内容	做好后续工作	实训时间	
实训小组		小组成员名单	
具体任务	送客、清理会场、结账、总结提升		
作品提交	做好后续工作总结报告		
实施过程	一、活动设计及规划 1）教师讲解工作要点，会议室进行模拟训练 2）送客要点 3）清理会场的要点		
	二、活动实施 1）以学生为中心，将学生分为四组 2）以小组为单位，进行练习 3）教师纠正、检测点评		

三、实训评价

做好后续工作的实训评价见表 5-14。

表 5-14 做好后续工作的实训评价

评价标准及分值	A 等（9~10 分）	B 等（7~8 分）	C 等（7 分以下）
程序全面（3 分）			
动作标准（2 分）			
注重细节服务（2 分）			
应变能力强（1 分）			
合作意识强（1 分）			
礼仪得体（1 分）			
综合评价			

拓展阅读

会议中的场景心理学

在不同的场景当中，人们的心理感受是不同的，而不同的心理感受对于会议的效果会产生不同的影响。换句话说，会议策划人可以通过场景的设计与营造，将参会群体的心理调整到组织方希望达到的状态，以最大限度地实现会议的目标。

在会议策划、运营管理与服务当中，对参与者心理产生重要影响的因素是多方面的，具体内容如下。

1. 技术手段

互联网的发展，把很多原本枯燥、复杂的工作变得简单而有趣，把原本只能单向发布的信息变得实时互动起来，这在很大程度上可提升参与者的体验感，增加参与者在整个会议过程中的愉悦度。

2. 会议与个人生活的关系

只有把工作和个人生活同时都处理好，人们的心情才会真正放松下来，才有可能全身心地参与到会议当中，与组织方一起实现会议的目标。而会议与娱乐等元素的结合，绝不只是安排一次旅游、举办一场演出活动那么简单，要设法把娱乐相关元素渗透到内容与形式的诸多环节当中。

3. 主持人与演讲人

大家对于一个会议的评价，与主持人、演讲人的风格、内容、表现方式等有很大关系。认真准备且诙谐幽默、不断地与听者互动的人，一定是很受欢迎的。

4. 台型布置

高高在上的主席台，将台上与台下的人分成了两个天地，参会者在这种场景下很难表达自己的心声。缩短参会者与主持人、发言人之间的空间距离，参与者的心理障碍就容易被打破，交流与分享也就会更加透彻。

5. 投影仪、麦克风、灯光、温度等

投影仪一定要有足够的流明度，否则会议的体验感就会变差；劣质的麦克风与音响设备，会让发言人和听者产生不好的感觉；前后部的灯光最好能调节，因为除了培训会议需要做记录之外，多数会议不需要十分强烈的光线；温度一定要适宜。

6. 会议休息区与茶歇区

宽敞明亮的休息区、茶歇区是会议参与者调节身心的重要场所。有的会议在休息期间会搞一些小型的健身活动，让参会者在久坐之后可以进行适当的身体锻炼。

（资料来源：https://www.sohu.com/a/124004636_230487.）

项目六　景区导游岗位

🌸 项目导读

　　参观游览景区是旅游活动的主要目的,是旅游消费的重要环节,因此景区导游服务的质量直接关系到游客的满意程度。语言、知识、服务技能构成了景区讲解服务的三要素,缺一不可。只有三者和谐才称得上是高质量的服务,才能更好地传播景区的文化。旅游景区导游人员需要对其服务的景区乃至该景区所在地区有较全面、深入的了解,在掌握丰富的知识的基础上,全面领会景区的文化内涵。旅游景区导游人员要在实践中不断学习、总结和提高,形成具有自身特点和风格的讲解方法和服务技巧,让游客享受到高质量的景区导游服务,全面、准确领会景区的知识和文化,乘兴而来、满意而归。本项目将带领大家走近景区导游人员,熟悉他们的服务礼仪,以及景区导游讲解常用方法及服务技巧。

🌸 项目目标

1)了解景区导游人员的定义、分类、职责及景区导游服务的作用。

2)熟悉景区导游人员应具备的职业能力和素养。

3)熟悉景区导游服务的礼仪。

4)掌握景区导游讲解常用方法及服务技巧。

任务一 初识景区导游

 案例引入

学校为旅游管理专业的学生安排了一次走进企业的校外参观见习活动。李明和同学们在老师的带领下，走进了某葡萄酒博物馆。讲解员充满亲和力的微笑、优雅的举止和精彩的讲解给李明留下了深刻的印象。他也想成为一名景区导游人员。景区导游人员的具体工作有哪些？

知识准备

一、景区导游人员的概念

景区导游人员，也称景区景点讲解员或定点导游人员，是指在旅游景区（如风景名胜区、博物馆、自然保护区、纪念馆、名人故居等）为游客提供翻译、讲解和向导服务的专业人员。

二、景区导游人员的分类

对于景区导游人员的分类，目前尚无统一的标准。借鉴相关分类方法，可以将景区导游人员分为见习导游人员、初级导游人员、中级导游人员、高级导游人员、特级导游人员五个等级，其标准与要求见表6-1。

表6-1 景区导游人员的级别、标准与要求

导游人员级别	标准与要求
见习导游人员	①具有良好的素质和职业道德，热爱景区及本职工作；②形象良好；③普通话标准；④能独立完成讲解接待工作
初级导游人员	①具有良好的素质和职业道德，热爱景区及本职工作；②形象良好，举止大方得体；③普通话标准；④能独立完成讲解接待工作；⑤熟练掌握景区导游知识；⑥无游客投诉，游客反映抽查良好率不低于80%
中级导游人员	①具有良好的素质和职业道德，热爱景区及本职工作；②形象良好，举止大方得体；③普通话标准；④了解景区所在地区情况；⑤掌握景区导游知识，了解其他旅游景区的有关知识；⑥能接待不同性质、类型和规模的团队，能独立处理接待中发生的一般性事件；⑦工作成绩明显，为景区业务骨干；⑧无服务质量方面的事故，游客抽查反映良好率不低于85%；⑨能很好地营销景区及参与性旅游项目
高级导游人员	①具有良好的素质和职业道德，热爱景区及本职工作；②形象良好，气质佳，有亲和力，举止大方得体；③讲解语言生动、流畅，能调动游客积极性，与游客进行互动；④普通话标准，具有二级乙等以上的普通话水平测试证书；⑤熟练掌握景区讲解内容，并能丰富讲解内容；⑥能创作内容丰富、富有艺术性的景区讲解词；⑦熟悉本地区所有的旅游线路和景区讲解知识；⑧熟悉有关旅游的政策法规及本地区经济、历史、地理、宗教、艺术和民俗等方面的知识；⑨能妥善处理游客游览中发生的问题；⑩在景区讲解员中起带头示范作用；⑪无服务质量方面的事故，游客反映良好率不低于90%，在行业中有一定影响

续表

导游人员级别	标准与要求
特级导游人员	①具有良好的素质和职业道德，热爱景区及本职工作；②形象良好、气质佳，有亲和力，举止大方得体；③普通话标准，具有二级甲等以上的普通话水平测试证书；④导游艺术精湛，形成个人风格；⑤能妥善处理工作中的各类事件；⑥能通过优质服务吸引客源；⑦有很强的语言表达能力，能胜任其他景区的解说工作；⑧能创作富有思想性和艺术性的导游词；⑨能培训和指导初级、中级、高级讲解员，有较强的示范作用；⑩无服务质量方面的事故，游客反映良好率不低于95%；⑪掌握一门外语并能用外语带团讲解

三、景区导游人员的主要职责

景区导游人员的主要职责有以下三个方面。

1）导游讲解。景区导游人员的职责重点就是负责所在景区的导游讲解，解答游客的问询。

2）安全提示。景区导游人员应提醒游客在参观游览过程中注意安全，并给予必要的协助。

3）宣讲相关知识。景区导游人员应结合景区的景观景物向游客宣讲环境、生态和文物保护知识。

四、景区导游服务的作用

（一）加深游客的游览感受

由于旅游活动的异地性和暂时性，游客要想在较短的时间内，在一个陌生的旅游环境中获得较好的游览效果，必然要求景区提供全面的引导游览和导游讲解服务，尤其是当游客面对的是人文古迹和人文山水时。因此，提供景区导游服务就显得尤为必要。

（二）引导游客的游览行为

游客是景区的主角、上帝，为游客服务好，并期望更多的游客前来参观游览，是景区工作者的追求。但实际上，对很多游客而言，他们并不清楚在景区游览时应该注意什么、自己的责任和义务是什么、自己的权利是什么。因此，游客需要，按照景区的有关规定进行游览活动，用符合社会公众道德的各项行为规范来约束自己。这些都要靠景区的旅游指南、警示标志、导游人员的讲解和示范行为等导游服务来完成。

（三）提高景区的综合收益

良好的导游服务能让游客获得更充分的游览体验和愉悦感，一方面能有效延长游客在景区的停留时间，从而刺激游客在娱乐、购物、餐饮、住宿等方面的二次消费，直接增加景区的收入；另一方面，由于游客对景区的满意度增加，从而形成良好口碑以吸引更多人前来。因此，良好的导游服务能切实提高景区的经济效益和社会效益。

五、景区导游人员应具备的职业能力和素养

景区导游人员是旅游行业的一线服务人员，他们不仅是一个旅游景区的代表，也是一个地区、一个国家的形象代表。导游人员职业能力和素养的高低，决定了导游服务质量的高低。

（一）良好的思想品德

良好的思想品德包括热爱祖国、道德品质优秀、践行核心价值观、爱岗敬业、道德情操修养高尚、遵纪守法等。

（二）广博的知识

为了适应不同游客的需求，景区导游人员必须涉猎各方面、各领域的知识。景区导游人员既要成为某些领域的专家，也应成为掌握多领域知识的杂家。

1）景区及景区所在地的史地文化知识。这是最基础的知识，也是最重要的知识。

2）心理学知识。了解游客的心理活动，有的放矢地提供讲解服务。

3）美学知识。旅游活动是一项综合的审美活动，景区导游人员只有掌握一定的美学知识，才能在服务过程中满足具有各种审美情趣游客的不同审美需求。

另外，景区导游人员还应掌握必要的语言知识、政策法规知识、政治知识、经济知识、社会知识及一些与旅行相关的知识。

（三）较强的工作能力

1. 语言表达能力

景点讲解是综合性很强的口语艺术，景区导游人员应具备出色的语言表达能力，在讲解过程中做到简洁、准确、生动、灵活。

2. 组织接待能力

景区导游人员应具备较强的组织接待能力，应具有灵活性和洞察力，能随机应变地处理各种关系。

3. 讲解技巧

引人入胜的讲解能使游客陶醉在旅游审美的愉悦之中，景区导游人员应努力学习和总结，掌握知识和技能，形成自己独特的讲解风格。

4. 人际交往能力

善于与人打交道是景区导游人员最重要的能力之一，景区导游人员应性格开朗、性情活泼、富有爱心、热情大度、幽默风趣。

5. 独立工作能力

景区导游人员接到任务后，要独立组织参观游览活动、独立处理问题。因此，景区导游人员需具备较强的独立工作能力，包括独立带团能力、独立宣讲能力和独立分析问题、解决问题的能力。

（四）身心健康

身心健康包括身体健康、心理平衡、头脑冷静和思想健康四个方面。景区导游工作是一项脑力劳动和体力劳动高度结合的工作，工作纷繁、量大面广、流动性强、体力消耗大、诱惑性大。因此，景区导游人员必须是一个身心健康的人，否则很难胜任工作。

 情景实训

一、实训目标

要求学生了解景区导游人员的定义、分类、职责及景区导游服务的作用等相关知识。

二、实训任务

了解景区导游相关知识的实训内容见表 6-2。

表 6-2　了解景区导游相关知识的实训内容

实训内容	了解景区导游相关知识	实训时间	
实训小组		小组成员名单	
具体任务	以小组为单位查阅相关资料，实地走访某些博物馆或旅游景区，搜集、整理、分析关于景区导游的相关资料，并进行归类；在班级进行分享交流		
作品提交	1）PPT 和打印稿各一份（小组合作完成） 2）展示报告：生生互评，组组互评，教师点评（要求包含特色及优缺点分析）		
实施过程	一、活动设计及规划 1）播放景区导游人员讲解视频，创设情景，激发学生强烈的求知欲望 2）将学生分为两组，进行资料收集、分析并整理 3）各组推选代表展示成果，全体同学评价，小组之间互评 4）教师分析点评		

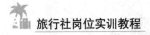

实施过程	二、活动实施 1）以学生为中心，将学生分为两组：第一组探究景区导游人员的定义、分类、职责等知识并结合 PPT 进行讲解；第二组探究景区导游服务的作用等知识并结合 PPT 进行讲解 2）教师提出要求和注意事项，引导学生分析、思考、拓展 3）教师针对活动中存在的问题，及时纠正、点评

三、实训评价

了解景区导游相关知识的实训评价见表 6-3。

表 6-3　了解景区导游相关知识的实训评价

评价标准及分值	A 等（9～10 分）	B 等（7～8 分）	C 等（7 分以下）
内容组织全面（2 分）			
语言表达清晰（2 分）			
仪容仪表得体（2 分）			
条理清晰（2 分）			
团队协作能力强（2 分）			
综合评价			

拓 展 阅 读

优秀博物馆导游人员应具备的能力

目前，讲解是博物馆最重要的教育方式之一，讲解服务的质量和水平直接影响着观众的参观质量，影响着博物馆的窗口形象。如何成为一名优秀的博物馆导游人员？一名优秀的博物馆导游人员应当具备哪些能力？除了进行普通话、仪态仪表、讲解词等基本训练外，优秀的博物馆导游人员还应具备以下几种能力。

1. 基于兴趣、热爱讲解的能力

兴趣是一个人认识某种事物或从事某种活动的心理倾向，它以认识和探索外界事物的需要为基础，是推动人认识事物、探索真理的重要动机。兴趣可以促使一个人深入钻研、创造性地开展工作和学习，可以极大限度地提高行动力，最终帮助人成为某方面的专家。

2. 自我学习与研究的能力

大多数博物馆导游人员刚一接触讲解工作，是从背诵标准讲解词、熟悉环境开始的。同一博物馆导游人员的讲解词基本相同，讲解内容也基本一致，但陈列展品千差万别，文物展品和辅助展品数量相对较多，每一件不可能都有研究成果、内涵说明。这就需要讲解员加强自我学习能力，通过大量学习、阅读来增加知识积累，深入文物展品和辅助展品的研究，不断去发现文物的内涵，挖掘文物背后的故事，解读陈列的潜台词，解读博物馆传递的文化和价值观，从而不断丰富、完善自己的讲解内容。

3．亲和力

亲和力是人与人之间信息沟通和情感交流的一种能力。优秀的博物馆导游人员往往以真诚的微笑、温和的语言、和缓的语速、不卑不亢的态度为观众讲解，观众感觉被重视、如沐春风，自然而然被导游人员的亲和力吸引，整个讲解过程流畅而有温度。当然亲和力并非一蹴而就，需要导游人员具备良好的文化素养、优雅的谈吐和大方的举止，并始终保有一颗平和、温暖的心。

4．语言驾驭能力

优秀的博物馆导游人员善于通过学习研究、通过自己的知识积累，驾驭语言，把枯燥、雷同的讲解词转化为生动、有趣的语言。面对不会说话的文物，博物馆导游人员能通过发挥声音语言的表现力和感染力，把不会说话的文物通过生动的语言描述，启发观众的思维、想象，把陈列内容准确地表达并向观众传播。语言的驾驭能力包括对讲解内容的再创造，包括语速、语调的抑扬顿挫、高低控制、转换，包括对讲解内容节奏合理的推进、语气的准确得体等。优秀的博物馆导游人员善于使晦涩的内容通俗化，使书面的文字口语化，把情感融入语言中，从而达到感染观众的目的，观众通过讲解能感受到文物的温度、陈列传播的信息，与讲解员产生共鸣。

5．气氛调动能力

讲解时间一般在一小时以上，在讲解过程中，如果导游人员一味灌输知识，气氛持续维持在同一频率，观众容易产生疲劳、注意力无法集中。要完成一次成功的讲解，气氛调动、适当互动、启迪思维显得尤为重要。气氛的调动应根据陈列的主题和内容，以及博物馆传播的文化信息由讲解员合理安排。气氛的调动当然并非仅限于语言、文艺的调动，需要导游人员针对不同的观众、陈列内容及文物展品挖掘不同的互动形式，不断激发、强化观众参观博物馆的兴趣，让观众的身心获得一定的放松。

6．分析观众心理的能力

要完成一次高质量的讲解，也需要博物馆导游人员对观众具备一定的心理分析能力，在日常工作中应努力培养敏锐的观察力。接待一批观众时，首先通过对观众性别、年龄、表情、着装、气质等外在表现，预判观众的职业、文化程度，并对观众参观博物馆的目的、兴趣点、对知识能接受的深度进行初步分析，然后有的放矢，针对性地构建、编排讲解内容并讲解。其次，在讲解过程中，注意观察观众的表情、情绪、肢体动作，观察观众对不同文物、知识表现的兴趣，通过与观众的交流互动，不断调整、修正讲解的内容。

（资料来源：http://www.hui.net/news/show/id/2347.）

任务二　体验景区导游

案例引入

经过面试，李明同学获得了假期前往某景区实习的机会。通过之前的学习，李明了解了景区导游人员的定义、分类、职责及景区导游服务的作用，也熟悉了景区导游人员应具备的职业能力和素养。假如你是景区培训部主管，请为李明同学安排岗前培训的内容，让他在培训合格后有机会在实践中体验景区导游服务。

知识准备

一、景区导游人员的礼仪要求

（一）服饰礼仪

1. 着装的基本原则

首先，衣着打扮要整齐清洁；其次，衣服要合身，不可透、露；再次，凡穿戴大衣、帽子的，进室内应及时脱下；最后，做到衣着得体、修饰恰当、风度优雅。

2. 着装的配色原则

服装色彩搭配要上浅下深或上深下浅；一般来说，黑白灰是服装搭配时最常用的三种颜色，它们最容易与其他颜色的服装搭配并取得很好的效果；颜色选择要适合自己的具体情况。

3. 着装的 TOP 原则

着装应符合 TOP 原则，即 time（时间）、occasion（场合）、place（地点）。

（二）仪容仪表

仪容仪表的基本要求见表 6-4。

表 6-4　仪容仪表的基本要求

项目	基本要求
发型得体	女士发型：美观、整洁、大方、实用，与脸型、体型、年龄相称 男士发型：与脸型、体型、服装相配，鬓发不过耳，头发不触后衣领，不烫不染
化妆适度	淡妆为佳，避免使用有浓烈气味的化妆品，注意与肤色及脸形相配
个人卫生	特别要注意口腔、鼻腔、手指甲、头发的卫生

（三）言谈礼仪

1. 言谈礼仪的基本原则

1）委婉含蓄，表达巧妙。

2）善于倾听，倾听时要集中注意力，要主动反馈，要尊重对方意见。

3）坦率诚恳，切忌过分客气。

4）大方自然，不能扭捏腼腆、惊慌失措或心不在焉。

5）顾全大局，不要冷落任何人。

6）诙谐幽默，避开矛盾的锋芒。

2. 言谈的禁忌

1）不宜谈论疾病、死亡等不愉快的话题。

2）回避对方的隐私。对女士一般不询问年龄和婚姻情况；不宜直接询问他人的履历、工资收入、家庭财产、衣饰价格等私人问题。

3）对方不愿意回答的问题不要刨根问底，一旦提出对方反感的问题则应表示歉意或立即转移话题。

4）对宗教问题应持慎重态度。

5）和外国游客交谈不得胡言乱语或泄露国家机密。

3. 言谈的最佳距离和角度

从卫生角度考虑，交谈的最佳距离是 1.3 米；交谈的角度，以双方之间角度呈 30°最佳。

（四）举止礼仪

1. 握手礼仪

握手包含了初次见面时表示欢迎、告别时表示欢送、对成功者表示祝贺、对失败者表示理解、对信心不足者表示鼓励、对支持者表示感谢等多种语义。

（1）握手要领

身体保持立正，上身应稍微前倾，面带微笑，目视对方。

（2）握手顺序

男女之间，男方要等女方先伸手，如女方不伸手且无握手之意，男士可点头或鞠躬致意；宾主之间，主人应先向客人伸手，以表示欢迎；长辈与晚辈之间，晚辈要等长辈先伸手；上下级之间，下级要等上级先伸手以示尊重。

（3）握手时间

初次见面一般握手不应超过 3 秒，老朋友或关系亲近的人则可以边握手边问候。

（4）握手力度

同女士握手时，一般只握一下女士的手指部分。握手力度以不握疼对方的手为最大限度。

（5）握手禁忌

忌多人同时握手，忌交叉同时与两人握手；忌精力不集中，握手时看着第三者或者环视四周；男士握手忌戴手套；忌紧握对方的手，摇来摇去，长时间不放等。

2. 站姿、坐姿、走姿礼仪

（1）站姿礼仪基本要领

1）身体舒展直立，重心线穿过脊柱，落在两腿中间，足弓稍偏前处，并尽量上提。

2）精神饱满，面带微笑，双目平视，目光柔和有神、自然亲切。

3）脖子伸直，头向上顶，下颚略回收。

4）挺胸收腹，略微收臀。

5）双肩后张下沉，两臂于裤缝两侧自然下垂，手指自然弯曲，或双手轻松自然地在体前交叉相握。

6）两腿肌肉收紧直立，膝部放松。女性站立时，脚跟相靠，脚尖分开约 45°，呈 V 字形；男性站立时，双脚可略为分开，但不能超过肩宽。

7）站累时，脚可向后撤半步，身体重心移至后脚，但上体必须保持正直。

（2）坐姿礼仪基本要领

1）入座时要轻、稳、缓。走到座位前，转身后轻稳地坐下。如果椅子位置不合适，需要挪动椅子的位置，然后入座。坐在椅子上移动位置，有违社交礼仪。

2）神态从容自如（嘴唇微闭、下颌微收、面容平和自然）。

3）双肩平正放松，两臂自然弯曲放在腿上，也可放在椅子或是沙发扶手上，以自然得体为宜，掌心向下。

4）坐在椅子上，要立腰、挺胸，上体自然挺直。

5）双膝自然并拢，双腿正放或侧放，双脚并拢或交叠或成小 V 字形。男士两膝间可分开一拳左右的距离，脚态可取小八字步或稍分开以显自然洒脱之美，但不可尽情打开腿脚。如长时间端坐，可双腿交叉重叠，但要注意将上面的腿向回收，脚尖向下。

6）坐在椅子上，应至少坐满椅子的 2/3，宽座沙发则至少坐 1/2。落座后至少前 10 分钟左右的时间不要靠椅背。入座后，可轻靠椅背。

7）谈话时应根据交谈者方位，将上体双膝侧转向交谈者，上身仍保持挺直，不要出现自卑、恭维、讨好的姿态。

8）离座时要自然稳当，右脚向后收半步，而后站起。

（3）走姿礼仪基本要领

1）走路使用腰力，身体重心宜稍向前倾。

2）跨步均匀，步幅约一只脚到一只半脚。

3）迈步时，两腿间距离要小。女性穿裙子或旗袍时要走成一条直线，使裙子或旗袍的下摆与脚的动作协调，呈现优美的韵律感；穿裤装时，宜走成两条平行的直线。

4）出脚和落脚时，脚尖脚跟应与前进方向近乎一条直线，避免"内八字"或"外八字"。

5）两手前后自然协调摆动，手臂与身体的夹角一般在 10°～15°，由大臂带动小臂摆动，肘关节只可微曲。

6）上下楼梯，应保持上体正直，脚步轻盈平稳，尽量少用眼睛看楼梯，最好不要手扶栏杆。在离去时，可采用后退法，即先转身后扭头，轻轻地离去。

3．鞠躬礼仪基本要领

鞠躬礼仪有两种。一种是三鞠躬，敬礼之前，应脱帽或摘下围巾，身体肃立，目光平视，身体上部向前弯下约 90°，然后恢复原样，如此连续三次；另一种是深鞠一躬（15°～90°），这种鞠躬方式几乎适用于一切社交和商务活动场合，这也是导游人员最常用的鞠躬方式。

4．蹲姿礼仪基本要领

优雅蹲姿的要点：①下蹲拾物时，应自然、得体、大方、不遮遮掩掩；②下蹲时，两腿合力支撑身体，避免滑倒；③下蹲时，应使头、胸、膝关节在一个角度上，使蹲姿优美；④女士无论采用哪些蹲姿，都要将腿靠紧，臀部向下。

蹲姿的种类包括高低式蹲姿、单膝点地式蹲姿、交叉式蹲姿。

蹲姿的禁忌包括弯腰撅臀、平行下蹲、下蹲过快或过近、蹲歇。

二、景区导游人员的工作任务

景区导游人员的服务对象主要是零散游客、团队游客。在接待游客前，景区导游人员应准备好旅游接待计划表、导游证、导游旗、扩音器（或其他讲解设备）、记事本、意见本、宣传材料等。在游客到来之前，景区导游人员应认真做好导游服务前的一系列准备工作，游客到来后要规范接待、讲解工作；在游览讲解过程中要注意讲解的速度，解答游客提出的各种疑问，提醒游客注意安全；游览结束后要征求游客意见，按规定做好游客送行并做好必要的记录和总结工作。

1. 景区导游人员的工作方法

1）认真阅读接待计划表，与相关人员进行沟通，了解游客详情，做好景区讲解的一系列准备工作。

2）迎接游客，做好接待和讲解工作。

3）游览结束后，征求游客意见，按规定做好游客送行并做好必要的记录和总结工作。

2. 景区导游人员的工作要求

1）具有良好的语言表达能力和人际交往能力。

2）熟悉与本景点景区有关的知识。

3）具有良好的专业技能和个人素质。

4）身心健康，责任心强。

三、景区导游人员的服务流程

景区导游人员的服务流程大致可用七个阶段来概括：到景区导游服务中心接受具体导游任务，了解游客的愿望与要求—根据游客的愿望与要求设定游览方案—在景区门口迎接游客，并请游客确认游览方案—在示意图前对景区进行概括性讲解，交代游览中应注意的事项—引领游客参观游览并讲解，处理游览中发生的各种问题和事故—告别游客，征求游客的意见与建议—总结反馈。

 情景实训 1

出于对游客的尊重与友好，景区导游人员在服务中要注重服务礼仪。在情绪方面做到精神饱满、乐观自信、端庄诚恳、落落大方；与游客见面时要主动热情；在交谈过程中多使用敬语，讲解声音清晰、悦耳、有节奏并兼顾所有游客；服务结束时与游客亲切告别。

一、实训目标

要求学生熟悉景区导游人员服务的礼仪并能在实践中自觉、主动地运用。

二、实训任务

熟悉景区导游服务礼仪的实训内容见表 6-5。

表6-5　熟悉景区导游服务礼仪的实训内容

实训内容	熟悉景区导游服务礼仪	实训时间	
实训小组		小组成员名单	
具体任务	以小组为单位查阅相关资料，观看相关视频、图片，实地观摩优秀导游人员的示范；小组内演练，亲身体验，熟悉景区导游服务的礼仪。各组推选代表进行服务礼仪的展示		
作品提交	服务礼仪展示		
实施过程	一、活动设计及规划 1）播放景区导游人员讲解视频，创设情景，激发学生强烈的求知欲望 2）将学生分为三组，各组推选代表展示成果，全体同学评价，小组之间互评 3）教师分析点评 二、活动实施 1）以学生为中心，将学生分为三组。各组成员间分工协作，推选代表分别展示服饰礼仪及仪容仪表要求、言谈礼仪、举止礼仪 2）教师提出要求和注意事项，引导学生分析、思考、拓展 3）教师针对活动中存在的问题，及时纠正、点评		

三、实训评价

熟悉景区导游服务礼仪的实训评价见表6-6。

表6-6　熟悉景区导游服务礼仪的实训评价

评价标准及分值	A等（9~10分）	B等（7~8分）	C等（7分以下）
仪表得体（2分）			
表达清楚（2分）			
仪态端庄（2分）			
团队意识强（2分）			
表现力强（2分）			
综合评价			

情景实训2

根据性质的不同，景区导游服务可以分为信息标志、电子导游及人员导游三大类。人员导游是指在整个游览过程中，由景区导游人员为游客提供的面对面服务。

一、实训目标

要求学生掌握景区导游人员服务流程和服务规范，知悉服务准备、导游讲解、娱乐购物、送别服务等环节的工作内容和服务标准。

二、实训任务

掌握景区导游服务工作流程和岗位标准的实训内容见表6-7。

表 6-7　掌握景区导游服务工作流程和岗位标准的实训内容

实训内容	掌握景区导游服务工作流程和岗位标准	实训时间	
实训小组		小组成员名单	
具体任务	以小组为单位观看相关视频，跟团实地观看优秀导游人员的服务示范；之后小组内各成员分工协作，创作景区导游服务视频拍摄脚本，小组成员分角色模拟表演并录制景区导游服务视频，掌握景区导游服务工作流程和岗位标准		
作品提交	各小组制作的景区导游服务视频		
实施过程	一、活动设计及规划 1）播放景区导游人员讲解视频，创设情景，激发学生强烈的求知欲望 2）将学生分为三组，各组推选代表展示成果，全体同学评价，小组之间互评 3）教师分析点评 二、活动实施 1）以学生为中心，将学生分为三组。小组内各成员分工协作，创作景区导游服务视频拍摄脚本，小组成员分角色模拟表演并录制景区导游服务视频 2）教师提出要求和注意事项，引导学生分析、思考、拓展 3）教师针对活动中存在的问题，及时纠正、点评		

三、实训评价

掌握景区导游服务工作流程的岗位标准的实训评价见表 6-8。

表 6-8　掌握景区导游服务工作流程和岗位标准的实训评价

评价标准及分值	A 等（9~10 分）	B 等（7~8 分）	C 等（7 分以下）
讲解内容清晰（2 分）			
普通话标准（2 分）			
仪容仪表得体（2 分）			
仪态得体自然（2 分）			
讲解熟练程度高（2 分）			
综合评价			

拓展阅读

旅游景区讲解服务规范（节选）

4.2　旅游景区讲解员的服务准备

4.2.1　准备工作要求

4.2.1.1　知识准备

景区讲解员知识准备应符合：

a）熟悉并掌握本景区讲解内容所需的情况和知识（基于景区的差异，可分别包括自然科学知识，历史和文化遗产知识，建筑与园林艺术知识，宗教知识，文学、美术、音乐、戏曲、舞蹈知识等；以及必要时与国内外同类景区内容对比的文化知识）；

b）基于游客对讲解的时间长度、认知深度的不同要求，讲解员应对讲解内容做好两种或两种以上讲解方案的准备，以适应旅游团队或个体的不同需要；

c）预先了解游客所在地区或国家的宗教信仰、风俗习惯，了解客人的禁忌，以便能够实现礼貌待客。

4.2.1.2 接待前的准备

接待前的准备包括：

a）接待游客前，讲解员要认真查阅核实所接待团队或贵宾的接待计划及相关资料，熟悉该群体或个体的总体情况，如停留时间、游程安排、有无特殊要求等诸多细节，以使自己的讲解更有针对性；

b）对于临时接待的团队或散客，讲解员同样也应注意了解客人的有关情况，一般应包括客人主体的来源、职业、文化程度以及其停留时间、游程安排、有无特殊要求等，以便使自己的讲解更能符合游客的需要。

4.2.2 上岗时的准备

上岗时应准备：

a）佩戴好本景区讲解员的上岗标志；

b）如有需要，准备好无线传输讲解用品；

c）需要发放的相关资料；

d）接待团队时所需的票证；

e）对特殊需要的讲解内容或第一次讲解线路，事先踩点和准备。

4.2.3 仪容仪表

仪容仪表应符合：

a）着装整洁、得体；有着装要求的景区，也可以根据景区的要求穿着工作服或指定服装；

b）饰物佩戴及发型，以景区的原则要求为准；女讲解员一般以淡妆为宜；

c）言谈举止应文明稳重，自然而不做作；

d）讲解活动中可适度使用肢体语言，且力避无关的小动作；

e）接待游客热情诚恳，并符合礼仪规范；

f）工作过程中始终做到情绪饱满，不抽烟或进食；

g）注意个人卫生。

4.2.4 讲解语种

讲解语种包括：

a）景区讲解，应以普通话为普遍使用的语言；

b）位于民族地区的景区，宜根据客源情况提供民族语言和普通话的双语讲解服务；

c）有条件的景区，宜根据客源情况提供多语种的讲解服务。

4.3 旅游景区讲解活动要求

4.3.1 接待开始时的服务要求

接待开始时的服务要求应符合：

a）代表本景区对游客表示欢迎；

b）介绍本人姓名及所属单位；

c）表达景区对提供服务的诚挚意愿；

d）了解游客的旅游需求；

e）表达希望游客对讲解工作给予支持配合的意愿；

f）预祝游客旅游愉快。

4.3.2 游览前的讲解服务要求

游览前的讲解服务要求包括：

a）应向游客介绍本景区的简要情况，尤其是景点的背景、价值和特色；

b）应向游客适度介绍本景区的所在旅游地的自然、人文景观和风土人情等相关内容；

c）应提醒团队游客注意自己团队原定的游览计划安排，包括在景区停留的时间，主要游览路线，以及参观游览结束后集合的时间和地点；

d）应向旅游者说明游览过程中的注意事项，并提醒游客保管好自己的贵重物品；

e）游程中如需讲解人员陪同游客乘车或乘船游览，讲解人员宜协助游客联系有关车辆或船只。

4.3.3 游览中的讲解服务要求

4.3.3.1 讲解内容的选取原则

讲解内容的选取原则如下：

a）有关景区内容的讲解，应有景区一致的总体要求；

b）内容的取舍应以科学性和真实性为原则；

c）民间传说应有故事来源的历史传承，任何景区和个人均不得为了景区经营目而随意编造；

d）有关景区内容的讲解应力避同音异义词语造成的歧义；

e）使用文言文时需注意游客对象；需要使用时，宜以大众化语言给以补充解释；

f）对历史人物或事件，应充分尊重历史的原貌；如遇尚存争议的科学原理或人物、事件，则宜选用中性词语给以表达；

g）讲解内容如系引据他人此前研究成果，应在解说中给以适度的说明，以利于游客今后的使用和知识产权的保护；

h）景区管理部门应积极创造条件，邀请有关专家实现对讲解词框架和主体内容的科学审定。

4.3.3.2 讲解导游的方法与技巧

讲解导游的方法与技巧如下：

a）对景区的讲解要繁简适度；讲解语言应准确易懂；吐字应清晰，并富有感染力；

b）要努力做到讲解安排的活跃生动，做好讲解与引导游览的有机结合；

c）要针对不同游客的需要，因人施讲，并对游客中的老幼病孕和其他弱势群体给予合理关照；

d）在讲解过程中，应自始至终与游客在一起活动；注意随时清点人数，以防游客走失；注意游客的安全，随时做好安全提示，以防意外事故发生；

e）要安排并控制好讲解时间，以免影响游客的原有行程；

f）讲解活动要自始至终使用文明语言；回答问题要耐心、和气、诚恳；不冷落、顶撞或轰赶游客；不与游客发生争执或矛盾；

g）如在讲解进程中发生意外情况，则应及时联络景区有关部门，以期尽快得到妥善处理或解决。

4.3.4 与游客的沟通

与游客的沟通包括：

a）旅游讲解也是沟通，讲解员在讲解中应注意平等沟通的原则，注意客人与自己在对事物认知上的平等地位；

b）在时间允许和个人能力所及的情况下，宜与游客有适度的问答互动；

c）要意识到自己知识的盲点，虚心听取游客的不同意见和表达；

d）对游客的批评和建议，应该礼貌地感谢，并视其必要性及时或在事后如实向景区有关部门反映。

4.3.5 讲解活动结束时的服务要求

4.3.5.1 在讲解活动结束活动时，讲解员应做到：

a）诚恳征求游客对本次讲解工作的意见和建议；

b）热情地向游客道别；

c）一般情况下，在游客离开之后方可离开。

4.3.5.2 在游客离开景区后，或当天工作结束前，讲解员应做到：

a）按照景区的规定，及时认真地填写《工作日志》或本单位规定的有关工作记录；

b）如有特殊情况，及时向景区有关方面如实反映。

4.4 乘车（乘船）游览的讲解服务要求

景区讲解如果是在乘车（乘船）游览时进行，讲解员应做到：

a）协助司机（或船员）安排游客入座；

b）在上车（船）、乘车（船）、下车（船）时提醒游客有关安全事项，提醒游客清点自己的行李物品；并对老幼病孕和其他弱势群体给予特别关照；

c）注意保持讲解内容与行车（行船）节奏的一致，讲解声音应设法让更多的游客都能听见；

d）努力做好与行车安全（或行船安全）的配合。

4.5 游客购物时的服务要求

游客如需购物时，讲解员应做到：

a）如实向游客介绍本地区、本景区的商品内容与特色；

b）如实向游客介绍本景区合法经营的购物场所；

c）不得强迫或变相强迫游客购物。

4.6　游客观看景区演出时的服务要求

如游客游程中原已包含有在景区内观看节目演出，则讲解员的服务应包括：

a）如实向游客介绍本景区演出的节目内容与特色；

b）按时组织旅游者入场，倡导游客文明观看节目；

c）在游客观看节目过程中，讲解员应自始至终坚守岗位；

d）如个别客人因特殊原因需要中途退场，讲解员应设法给以妥善安排；

e）不得强迫或变相强迫游客增加需要另行付费的演出项目。

4.7　讲解活动中的安全要求

在景区的讲解活动中，应充分注意安全：

a）提前了解讲解当天的天气和景区道路情况，以期防患于未然；

b）讲解活动应避开景区中存在安全隐患的地区；

c）讲解中随时提醒游客注意安全（尤其是在游客有可能发生失足、碰头等的地带）；

d）发生安全事故时冷静妥善对待，在积极帮助其他游人疏散的同时，并及时通知景区有关部门前来救助。

（资料来源：http://www.qujiangtour.com.cn/info/1123/1873.htm.）

任务三　做好景区导游

案例引入

通过一段时间的景区实习，李明同学了解了景区导游服务的服务程序和服务规范。然而，在工作中，李明也意识到，"知"和"用"很多时候是不完全相同的。只有通过不断练习和实践，才能将内化于心的知识转变为外化于行的技能。几次带团下来，李明感觉到自己在讲解和服务方面仍有欠缺。尤其是在导游讲解方面，感觉差距比较大。李明该如何提高导游讲解水平呢？

知识准备

一、导游语言运用技能

（一）导游语言运用的"八有"原则

导游语言运用的"八有"原则即言之有物、言之有理、言之有据、言之有情、言之有趣、言之有礼、言之有喻、言之有神。

（二）导游语言运用的基本要求

1. 适度优美的语音、语调

（1）音量大小适度

音量是指一个人讲话时声音的强弱程度。导游人员在进行导游讲解时要注意控制自己的音量，力求做到音量大小适度。一般说来，导游人员音量的大小应以每位游客都能听清为宜，但在游览过程中，音量大小往往受到游客人数、讲解内容和所处环境的影响，导游人员应根据具体情况适当进行调节。

（2）语调高低有序

语调是指一个人讲话的腔调，即讲话时语音的高低起伏和升降变化。语调一般分为升调、降调和直调三种，高低不同的语调往往伴随着人们不同的感情状态。

2. 正确合理掌握导游语言节奏

（1）讲解的节奏

导游人员在工作中，要注意观察游客的反应、理解能力等，根据当时的情况决定节奏的快慢。讲解的节奏要视听者的具体情况和时空条件而定，做到徐疾有致、快慢相宜。

（2）声调的节奏

导游人员讲解时，其声音要富有感情色彩，抑扬顿挫，但不能矫揉造作，声调要适时变化，有节奏感。

3. 合理运用修辞手法和格言典故

修辞是对文字词句进行的修饰，可以使语言表达更为准确、鲜明和生动。修辞的手法很多，具体包括以下几种。

（1）比喻

比喻又称为譬喻，是用某些有类似点的事物来比拟所要讲的某一事物的修辞手法，俗称打比方。比喻不同于比较，比较比的是同类事物，而比喻比的是不同的事物。比喻分为明喻、隐喻和借喻。

（2）比拟

比拟是根据想象将物比作人，或将人比作物的修辞手法。前者叫作拟人，后者叫作拟物。在导游语言艺术中，最常用的是拟人。

（3）夸张

夸张是为了启发听者或读者的想象力和加强说话的力量，用夸大的词句来形容事物的一种修辞手法。夸张也可用来强调事物的某些特征。在导游讲解中运用这一手法，既可唤起游客的想象力，又能较好地表现导游人员的情感，增强导游语言的感染力。

（4）映衬

映衬是把相关或相反的事物并列在一起，以形成鲜明对比的修辞手法。在导游讲解中，映衬可以从内容和形式两个方面加以运用。

（5）引用

引用名言、名句是指在自己的语言中穿插别人的话语、材料和做过的事情，尤其是名人的名言或名句，用以说明问题，增强说服力。引用名言、名句在导游讲解中经常被采用，它可以增强导游语言的表达力和对游客的感染力、说服力，使语言更加生动活泼，丰富多彩。引用名言、名句，除了引用名人的名言、名句外，还包括古今中外典故、成语、谚语、寓言、诗词、事件等。引用名言、名句分为明引、意引和暗引。

4. 有针对性地使用导游语言

（1）根据游客特征灵活运用语言表达方式

游客按照不同的标准可以进行多种分类，不同类型的游客，其旅游目的、文化修养、性格特征、审美意识和旅游中的需要不同，对导游语言表达的要求也不同。

（2）根据不同情况灵活运用语言表达方式

在导游服务中由于各种内外因素的影响及游客情况的变化，如游客情绪的变化、游兴的变化及同导游人员关系的变化等，导游人员在处理不同情况时要运用相应的语言表达方式。

5. 避免不良的口语习惯

（1）说话含糊

导游人员在讲解时，首先必须对讲解的内容胸有成竹，讲解时才能有条不紊、词语贴切。相反，如果事物理解不准确，望文生义，说起话来就含糊不清，使人产生误解。

（2）啰唆重复

导游人员的讲解应该内容紧凑、简洁明快。

（3）晦涩难懂

如果导游人员在讲解时，机械地背诵导游词，特意地用修饰语、倒装句、专用术语，或用晦涩冷僻的词语，游客不仅听不进去，还无法消化。

（4）口头禅

导游人员的口语应尽量避免晦涩难懂的书面化倾向，但也要防止另外一种倾向，即惯用口头禅。讲解时使用平时的口头禅，会妨碍整个内容的连贯性，游客听起来也很不舒服。

（5）其他不良口语习惯

除了以上的四种不良口语习惯外，还有其他一些常见的不良口语习惯。例如，别人讲话时，总喜欢添加"自然是这样""果真如此""老实说""坦率地讲""如果你明白我的意思""明白了吗"等内容，这些毫无必要。

6. 提高导游语言技能

提高导游语言技能的方法包括：①积极主动，借鉴他人；②勤学苦练，不断积累知识和经验；③讲话时要充满信心，倾注满腔热情。

二、导游人员的讲解技能

（一）导游讲解的基本原则

1. 准确性原则

遣词造句发音准确，讲解内容以事实为依据，力戒张冠李戴、信口开河。

2. 针对性原则

针对不同地域、不同年龄、不同文化层次、不同性格特点、不同国籍的游客，语言运用有所不同。

3. 逻辑性原则

导游语言的逻辑性是指导游人员的语言要符合思维的规律性。思维要符合逻辑规律，其语言要保持连贯性。语言表达要有层次感，应根据思维逻辑，将要讲的内容分成前后次序，即先讲什么、后讲什么，使之层层递进、条理清楚、脉络清晰。

4. 适应性原则

导游人员在运用导游语言时，通常都有其特定的语言环境。它既包括了语言运用时特定的社会环境、自然环境，也不能离开语言运用时的具体场景。它所涉及的不但有时间、空间、氛围等方面的因素，还应当将人在现场的情绪变化一并考虑在内。

（二）讲解时的态势语言

1. 目光语

（1）目光的联结
导游人员的目光要注意和游客交流，目光不能只注视某人、某物，目光不能单一的向上、向下、不时向窗外看、不敢看游客等，要用目光向游客表达情感。
（2）目光的移动
导游人员在讲解某一景物时，首先要用目光把游客的目光引过去，然后及时收回目光，继续投向游客。
（3）目光的分配
目光要注意统摄全部听讲解的游客，导游人员的目光不能长时间、单向交流的方式，应学会分配目光。

2. 表情语

表情语是通过眉、目、鼻、口的动作而引起面部肌肉的舒张和收缩来表现思想情感的。导游人员的面部表情应该使人感到可以接近，要给游客留下一种自然、平和的感觉，应该具有同步感（面部表情与口语表达的情感同步）、鲜明感（明朗化，不似笑非笑）、真实感（表里如一）、分寸感（不温不火、适度）。

3. 手势语

手势语包括以下三种。①情意手势：用来表达导游讲解的情感，使之形象化、具体化；②指示手势：用来指示具体的对象；③象形手势：用来模拟状物。

4. 姿态语

（1）坐姿

导游人员的坐姿要给游客一种温文尔雅的感觉，以表示对游客的尊重。坐时上体要自然挺直，男性要微微分开双腿，能显示其豁达，稳重；女性一般双膝并拢，可显示其庄重、矜持。

1）两手摆法。有扶手时，双手轻搭或一搭一放；无扶手时，两手相交或呈八字形置于腿上（或右手搭在右腿上，左手搭在右手背上）。

2）两腿摆法。凳面高度适中时，两腿稍靠或稍分，但不能超过肩宽；凳面低时，两腿并拢，自然倾斜于一方；凳面高时，一腿略搁于另一腿上，脚尖向下。

3）两脚摆法。腿跟脚尖全靠或靠一部分；也可一前一后（可靠拢也可稍分），或右腿放在左腿外侧。

（2）立姿

导游人员的立姿应给游客一种谦和、彬彬有礼的感觉，以示对游客的尊重。要做到立姿良好，必须将身体重心置于双脚，上身挺直，两臂自然下垂，立腰收腹，两手相握置于身前或身后，双膝并拢或分开与肩同宽；应避免双手叉于腰间或双臂抱于胸前的立姿，因它们传递的是傲慢无礼、漫不经心的信息。

在站立时，男导游人员可以将双手相握、叠放于腹前或相握于身后；双脚可以叉开，两脚之间相距的极限大致与肩部同宽。女导游人员可将双手相握或叠放于腹前；双脚可在一条腿为重心的前提下稍许叉开。

（三）掌握好游览和讲解的节奏

导游人员并不是讲得越多越好，要以讲解为主，以游客独游为辅，有导有游，导游搭配。一般情况下，行路时应少讲些，观赏时应多讲些，根据游览点的具体环境决定快慢。

（四）注意综合运用各方面的知识

结合文学知识、历史知识讲出内涵和文化；结合心理、美学等知识讲出自然景观的美；结合建筑、地理等专业知识将景观讲透彻。导游人员应不断积累销售、急救、票务、保险、出入境、签证、海关申报、电信服务等业务相关知识，妥善处理各类问题。

（五）把握最佳时机、适宜地点选择讲解内容

对导游人员来讲，什么时间讲什么内容，什么地点讲什么内容，应该有所选择。导游人员在讲解景点的历史、规模、传说、现状等内容时要选择恰当的时机和地点，而且要根据季节、气候的变化灵活掌握。

（六）合理利用现代化的导游辅助手段

景区导游人员可以用书刊画册、电影录像等手段辅助自己的口头讲解，使讲解的形式更有吸引力。电子导游机、现代化的声光、声像设备在导游讲解中的位置日益重要，但并不意味着可以完全取代导游人员的语言讲解。因为导游服务是一种特定形式的服务，讲究人情味，这是任何完善先进的声像设备无法取代的。

（七）导游讲解应做到正确、清楚、生动、灵活

1. 正确——体现科学性

1）语音、语调、语法、用词造句正确。
2）内容有根有据，正确无误，切忌胡编滥造、张冠李戴，要与景点相联系。
3）敬语和谦语有助于表达友谊和感情，应注意尊重对方风俗及语言习惯。

2. 清楚——体现科学性

1）发音吐字清楚。
2）景点内容讲解清楚。
3）语言通俗易懂。

3. 生动——体现艺术性、趣味性

1）语言生动、形象，富有幽默感。
2）比喻恰当得体，以熟喻生。
3）表情、手势与内容、气氛有机配合。

4. 灵活——不同时空、对象要因人而异、因地制宜

1）为初访者讲解时，讲解应热情洋溢。

2）为年老的游客讲解时，讲解应简洁从容。

3）为文化水平较低的游客讲解时，讲解应力求通俗化。

（八）卡壳的应对策略

1）调整好心态。

2）进行充分准备。

3）争取时间回忆要讲的内容。

4）利用最后一段发言的主题进行发挥。

5）卡壳时要冷静，立刻插入一句与导游内容关系不大的问话。

6）扫视全场，进行短暂的停顿，迅速回忆。

三、导游讲解常用方法

1. 概述法

概述法是导游人员为帮助游客更好地了解景点，用简洁明了的语言，对一个参观游览项目的概况进行一次性介绍的一种讲解方法。

概述法一般用于到达景点后、开始游览前，在景点进门处的导游图或景点示意图前，导游人员一边指点示意图，一边向游客进行景点的概述。

概述法是一种辅助性讲解，内容一般包括景点的历史沿革、位置、布局、规模、游览路线、休息地方等。

2. 分段讲解法

分段讲解法就是将一处大景点分为前后衔接的若干部分来进行讲解。

运用分段讲解法时需要注意讲解内容的相对独立性，在讲解这一景区的景物时不要过多涉及下一区的景物，但在快结束这一景区的游览时导游可以适当地提示下一个景区，这样可以激发起游客的游兴，使导游讲解环环相扣、引人入胜。

3. 突出重点法

突出重点法就是在导游讲解时避免面面俱到，而是突出某一方面信息的讲解方法。关于景点的信息很多，要讲解的内容也很多，导游人员必须根据不同的时空条件和对象区别对待，有的放矢地做到轻重搭配、重点突出、详略得当、疏密有致。

使用突出重点法时，应突出如下方面。

1）突出大型景区景点中具有代表性的景观。

2）突出景区景点的特征及其与众不同之处。

3）突出游客感兴趣的内容。

4）突出"……之最"。

4. 触景生情法

触景生情法就是见物生情、借题发挥的导游讲解方法。在导游讲解时，导游人员不能就事论事地介绍景物，而是要借题发挥，利用所见景物创造意境、情景交融、引人入胜，使游客产生联想，从而领略其中之妙趣。

触景生情贵在发挥，要自然、正确、切题地发挥。导游人员要通过生动形象的讲解、有趣而感人的语言，赋予固定的景物以生命，注入情感，引导游客进入审美对象的特定意境，从而使他们获得更多的知识和美的享受。

5. 虚实结合法

虚实结合法就是导游人员将典故、传说、轶闻趣事有机结合，设计讲解情节的导游手法，它使导游讲解故事化。

虚实结合法中的"实"是指景观的实体、实物、史实、艺术价值等，而"虚"则指与景观有关的民间传说、神话故事、趣闻轶事等。

"实""虚"二者必须有机结合，以"实"为主，以"虚"为辅，"虚"为"实"服务，以"虚"烘托情节，以"虚"加深"实"的存在，努力将无情的景物变成有情的导游讲解。运用虚实结合法需要注意"虚"的内容要精、要活，不能随心所欲，更不能胡编乱造。

6. 问答法

问答法就是在导游人员向游客提出问题或启发他们提出问题的导游讲解方法。使用问答法的目的是活跃游览气氛，激发游客的想象思维，促使游客和导游人员之间产生积极的思想交流，使游客获得参与感、自我成就感；也可避免导游人员唱独角戏，灌输式讲解所带来的乏味无趣，加深游客对所游览景点的印象。

7. 制造悬念法

制造悬念法是指导游人员在讲解时提出令人感兴趣的话题，但故意引而不发，激起游客的好奇心，进而主动探索思考答案，进入对旅游景点的主动审视之中，最后由导游人员根据游客的答案做补充说明和引申讲解。制造悬念法是一种常用的导游手法。这种先藏后露、欲扬先抑、引而不发的讲解方法，一旦"发（讲）"出来，会给游客留下特别深刻的印象，而且导游人员可始终处于主导地位，成为游客注意焦点。制造悬念是导游讲解的重要手法，在活跃气氛、制造意境、提高游客游兴、提高导游讲解效果等方面效果显著。制造悬念的方法很多，如问答法、引而不发法、引人入胜法、分段讲解法等。

8. 类比法

类比法是在导游讲解中，风物对比，以熟喻生，达到触类旁通的一种导游讲解方法。
1）同类相似类比，即将相似的两物进行比较，比出相同之处。

2）同类相异类比，即将两种风物比出规模、质量、风格、水平、价值等方面的不同。

9. 画龙点睛法

画龙点睛法即用凝练的词句概括所游览景点的独特之处，使游客领略其中的奥妙，留下鲜明的印象。画龙点睛法可用于总结语，也可用于引导语，贵在突出景观的精髓。

除了上述方法外，广大的导游工作者在实践中还总结出了许多有效的讲解方法，如引人入胜法、妙用数字法、解释说明法、有的放矢法等。

四、景区（点）讲解内容和注意事项

景区景点导游人员在正式进行讲解之前，应当先对景区景点或参观地进行概括的介绍，地点可选择在景区大门导游图前，内容包括开设背景、目的、基本概况、布局、参观游览有关规定和注意事项。

1. 自然风光的讲解内容

自然风光的讲解内容包括：①形态特征，如泰山雄伟、黄山奇秀；②内涵特征，如地理地质条件、神话传说、奇闻轶事等；③独特价值或地位，如世界遗产、自然保护区等。

2. 人文景观的讲解内容

人文景观的讲解内容包括人文景观的历史背景、人文景观的用途、人文景观的特色、建筑布局等、人文景观的价值和地位。

3. 景区讲解注意事项

导游人员在进行景区讲解时的注意事项如下。

1）按游览顺序参观，进行分段讲解。景区导游人员应严格按照既定的旅游线路安排游客参观游览，不得擅自减少旅游项目、缩短讲解时间或终止导游活动。

2）注意宣传环境、生态和文物保护知识。

3）及时、耐心回答游客问题。

4）留意游客的动向与安全。在讲解线路和注意事项时应简明扼要，尽可能让每一位游客听清楚。在游览过程中，也要随时注意游客的动向与安全。另外，可以让地陪、全陪或领队断后，以免游客在景区走失。

5）尊重游客的宗教信仰。佛教旅游景区常常有烧香、购物，甚至开光、占卜算命等活动。景区导游人员不便过多干预游客宗教信仰，但也不得为牟取私利而与经营者串通起来坑骗游客。

6）恰当处理游客的专业性或刁难性问题。

情景实训

精彩的讲解，可以使景观景物更加生动形象、民俗风情更加绚丽多姿，使沉睡了千百年的文物古迹活灵活现，使令人费解的自然奇观有了科学答案，从而使游客感到旅游生活妙趣横生，留下美好而深刻的印象。导游讲解是景区导游服务的核心工作。

一、实训目标

要求学生掌握景区导游讲解常用方法及服务技巧。

二、实训任务

掌握景区导游讲解常用方法及服务技巧的实训内容见表 6-9。

表 6-9　掌握景区导游讲解常用方法及服务技巧的实训内容

实训内容	掌握景区导游讲解常用方法及服务技巧		实训时间	
实训小组			小组成员名单	
具体任务	运用所学的导游讲解常用方法及相关服务技能，讲解一处山东省的 5A 景区			
作品提交	导游讲解展示			
实施过程	一、活动设计及规划 1）播放景区导游人员讲解视频，创设情景，激发学生强烈的求知欲望 2）将学生分为三组，各组推选代表展示成果，全体同学评价，小组之间互评 3）教师分析点评			
	二、活动实施 1）以学生为中心，将学生分为三组。小组内各成员分工协作，搜集、整理一处山东省的 5A 景区的导游词。各组推选代表运用所学的导游讲解方法和技巧现场展示一段精彩的导游讲解 2）教师提出要求和注意事项，引导学生分析、思考、拓展 3）教师针对活动中存在的问题，及时纠正、点评			

三、实训评价

掌握景区导游讲解常用方法及服务技巧的实训评价见表 6-10。

表 6-10　掌握景区导游讲解常用方法及服务技巧的实训评价

评价标准及分值	A 等（9~10 分）	B 等（7~8 分）	C 等（7 分以下）
内容组织全面（2 分）			
语言表达清晰（2 分）			
仪容仪表得体（2 分）			
条理清晰（2 分）			
团队协作能力强（2 分）			
综合评价			

拓 展 阅 读

导游如何做好讲解工作

首先，热爱讲解工作是基础。爱因斯坦说过："热爱比责任更重要。"导游人员对工作的热爱和投入，游客是能体会到的。因为热爱，所以精心准备，热情接待；因为热爱，所以彻夜学习，反复演练。

其次，讲解最为重要的是因人施讲。讲解要让每个游客爱听。现在社会上对导游讲解工作有很多误解，有些人认为导游人员是小姑娘的工作，不适合年龄大的人。讲解工作像留声机一样，每天只会重复。其实，讲解工作绝不是简单地把讲解稿背下来就行了，而是通过讲解，使每一个观众都爱听，而且要了解观众喜欢什么。

再次，自己整理讲解稿。讲解员在工作之余，要学会自己写讲解稿件。只有自己写讲解稿件，才能将知识点牢记于心，讲解起来也顺畅流利。讲解工作不能满足，知识是无止境的。当有讲解不对的地方，游客会当面给我们提出，我们应该从容接受，并仔细查清楚。每天积累一点，时间长了，就能有质的飞跃。

最后，找到自己讲解的特色。导游人员的工作也是在宣扬一种价值观。导游人员要学习用辩证唯物主义的历史观来看待问题。但是特色可以因人而异，可以声情并茂，可以亲切自然，可以沉稳老练等。要找到适合自己的讲解方式方法，注意与时俱进，不断提高自己的修养，逐步形成自己的讲解特色。

（资料来源：https://www.500d.me/article/4827.html.）

附录一 旅行社主要岗位标准

前台销售岗位职责和工作标准

1. 目的

规范前台销售操作的流程和技术要点。

2. 范围

适用于旅行社的前台、电话的接待、咨询、销售、售后等岗位操作。

3. 岗位职责

岗位	岗位职责	备注
前台销售	前台准备工作	按接待标准执行
	电话的接听、咨询、销售和售后回访	
	前台的接待、咨询、销售和售后交接、建档	
	客户维护	
	个人学习成长	

4. 工作标准

4.1 前台准备工作

4.1.1 语言表达清晰；语言组织有条理；语音、语气具有亲和力。

4.1.2 穿着制服，发型得体，妆容适宜，口腔清洁；站姿规范，坐姿优雅，保持微笑，目光真诚，符合仪态规范要求。

4.1.3 按照旅行社岗位要求执行考勤纪律和其他规章。

4.1.4 熟知旅行社及联系方式。保持前台区域卫生整洁，展示公司良好形象。

4.1.5　定期整理更新产品手册。

4.1.6　熟悉、了解售卖旅游产品的特点、价格，相似产品的优缺点。每天更新报价评价表，掌握最新报价。

4.1.7　熟悉、了解各线路的专业知识及优缺点。注重个人的心态稳定和游客的心理揣摩、线路行程的掌握、旅游目的地的情况、行程中的间距和路况等。

4.1.8　熟悉、了解旅行社的价格体系及业务分类。

4.1.9　掌握一定的销售心理知识，熟练运用销售技巧。

4.2　电话接听、咨询、销售和售后回访

4.2.1　面带微笑，声音甜美，语言标准化；电话铃响三声及时接听，并自报家门，使用规范礼貌用语接听电话、礼貌应答；结束谈话表示感谢，留下电话登记回访。

4.2.2　能够收集游客意向及信息，向游客推荐本社主推线路。

4.2.3　行程结束返回后，及时进行回访，并对下次出游意向做好登记。

4.3　前台接待、咨询、销售和售后交接、建档

4.3.1　面带微笑，游客距离柜台三米处礼貌问候；入座倒水，探询意向，适当引导；了解客户来访渠道并登记分析。

4.3.2　认真倾听游客出游意向或咨询，以诚信为原则推荐旅游产品推荐介绍线路，提供详细行程表。

4.3.3　尽力促成合同，做好资料归档工作；做好客户信息录入及资料审核工作。如不能满足客户需求无法签订合同，给游客留下名片或者联系方式以便游客后期联络。

4.3.4　熟悉合同条款，能够进行初步的合同审核。

4.3.5　合同签订后收款时需唱收唱付，并开具收款凭证。

4.3.6　与后台人员交接资料，与游客沟通出游方案；保管好票据与财务交接。

4.3.7　售后服务，电话回访及处理小投诉（不满）；老客户维护。

4.4　客户维护

4.4.1　定期向老客户推送热卖旅游线路，了解老客户的出行意向，开拓客户的出游动机，促成老客户的再次旅行。

4.4.2　利用节假日期间对老客户通过电话或短信、微信等方式问候。

4.4.3　在与客户交谈中掌握客户需求，并能向产品部门提出有效建议，提升产品的市场竞争力，以满足客户需求。

4.5　个人学习成长

4.5.1　不断提高自身业务水平，了解游客心理学，掌握丰富的销售技巧。

4.5.2　积极参加各目的地旅游专家考试。

4.5.3　参加门市人员培训，提高门市人员的基本素质、业务能力、服务水平，为游客提供满意的服务，从而提升客户的忠诚度和满意度。

OTA客服岗位职责和工作标准

1. 目的

明确 OTA 客服岗位职责，规范其工作标准，提高本岗位工作效率和服务水平。

2. 范围

适用于 OTA 客服岗位。

3. 岗位职责

岗位	岗位职责	备注
OTA 客服	在线进行企业品牌推广、产品宣传促销	
	在线接待客户的咨询，为客户导购、解答问题，促使成交	
	处理 OTA 订单	
	负责客户回访与跟踪维护	
	与客户建立良好的联系，熟悉及挖掘客户需求	
	销售数据和相关资料整理、分析、反馈、上报	
	熟悉旅游平台竞争对手的产品和策划行为，定期进行调查	
	配合完成其他相关工作	

4. 工作标准

4.1　基本要求

4.1.1　吃苦耐劳，责任心强，工作勤奋、服务意识强，认真、细致、效率高；有良好的沟通能力、独立工作能力和团队协调能力。

4.1.2　具备一定的销售能力，能较好地开展网络营销工作。

4.1.3　电脑操作熟练，熟练使用 Word、Excel、PPT 等各种办公软件，能用作图软件做出图片。

4.1.4　遵守旅行社岗位要求、执行考勤纪律和其他规章。

4.2　服务准备

4.2.1　熟悉各个 OTA 主要的业务板块划分、主要业务范畴。

4.2.2　熟悉各 OTA 针对的主要目标客户群体及客户群体的基本需求。

4.2.3　熟悉旅游平台竞争对手的产品和策划行为，定期进行调查。

4.2.4　及时收集、整理、完善产品的图片资料库，做到不侵权、不违规。

4.3　产品包装

4.3.1　语言文字包装：在熟悉、理解产品的基础上，对产品做适当的语言文字包装。

4.3.2 产品图片包装：选择合适的现有图片，或者自己制作图片，对产品进行包装。

4.4 产品销售

4.4.1 将成型的产品，按照各大网站的后台录入规则，将产品上线，要求完整、美观、重点突出。

4.4.2 协助产品经理分析旅游平台竞争对手的产品竞争力，并提出改进措施。

4.4.3 进行搜索引擎优化及广告推广。

4.4.4 协助营销部进行适当的邮件群发及信息群发等营销辅助工作。

4.4.5 对已上线的产品进行运营，达到其正常的曝光度，获得流量。

4.4.6 接收订单、处理订单。

4.4.7 负责旅行社官方微博平台、微信平台及其他信息发布平台的信息更新。

4.5 售后及其他工作

4.5.1 将已上线的产品按要求存入产品档案。

4.5.2 对已产生订单的产品进行质量监控、点评监控。

4.5.3 对产品的转化率进行监控，发现问题及时调整。

4.5.4 借鉴访问数据，分析用户的使用行为，挖掘用户需求，及时制订或调整产品的推广策略。

导游岗位职责和工作标准

1. 目的

规范导游人员工作标准，提高工作积极性，提升导游人员工作品质。

2. 范围

适用于导游人员。

3. 岗位职责

岗位	岗位职责	备注
导游人员	仪容端正，着装整齐，符合导游工作岗位基本要求	按接待标准执行
	接团准备	
	接团服务	
	游览服务	
	餐饮服务	
	送团服务	

4．工作标准

4.1　基本要求

4.1.1　具有较强的语言表达能力和思辨能力。口齿清楚，普通话标准；讲解准确、生动、形象、富有感染力，注意使用礼貌用语。导游服务方式、方法应灵活多样，讲究艺术。

4.1.2　上岗时应佩戴导游证，服饰整洁、得体，举止大方、稳重，态度亲切、和蔼。

4.1.3　具备良好的心理素质和较强的沟通、协调、应变能力，在工作中能够独立思考、分析判断和处理相关问题。

4.1.4　具有健康的体魄，掌握一定的急救技能和安全应急处置能力，树立导游职业自信心，从容应对艰苦复杂的工作。

4.2　接团准备

4.2.1　认真阅读接待计划和有关资料，及时与 OP 对接，了解掌握旅游团队情况，及时掌握游客特殊要求。

4.2.2　落实为旅游团队提供交通服务的车辆车型、车号和驾驶员姓名，确定接头地点，告知活动日程；掌握驾驶员联系方式，熟悉旅游车车况（车型、卫生等）。

4.2.3　掌握旅游团队所住饭店概况，核实旅游团所需房间数目、类型等情况；了解团队结算价格和相关优惠协议。

4.2.4　掌握并随身携带旅行社、饭店、餐厅、景点等有关部门和全陪、其他服务人员的联系电话。

4.2.5　准备好导游证、团队计划、导游旗、扩音器、接站牌、结算单及导游日志、意见反馈单、文明公约等带团必备物品。

4.2.6　准确核实游客抵达时间、地点。

4.3　接团服务

4.3.1　与司机联系了解车况，告知司机旅游团行程，提前 30 分钟抵达接站地点或预订位置等候游客到来。

4.3.2　举接站牌或社旗站在明显位置，主动认找旅游团，核实团队相关信息，避免发生错接事故。

4.3.3　与全陪沟通，及时商定日程，核对旅游团有关情况和要求，如有变化，应尽快通知旅行社做出相应安排。

4.3.4　协助游客将行李集中放于指定位置，提醒游客检查行李物品；若发生行李破损、丢失等情况，积极协助游客办理行李查询或赔偿申报手续。

4.3.5　引导游客前往乘车处，站立在车门旁搀扶或协助游客上车；上车后，协助游客就座，礼貌清点人数。

4.3.6　前往下榻饭店途中，应向游客致欢迎辞，宣布日程安排及注意事项，并向游客介绍当地情况。

4.3.7　抵达饭店前，应向游客介绍饭店内就餐事宜，告知下步活动安排，说明自由活动时的注意事项。

4.3.8 到达饭店后，协助游客办理住宿手续，协调帮助游客尽快拿到行李，并提醒游客寄存贵重物品；熟悉酒店安全通道位置，并提醒游客入住的相关注意事项。

4.3.9 掌握全团游客房间号，认真检查团队客房是否清洁、设备是否完好，引领游客入住，并告知游客导游人员的房间号，必要时可通过电话查房，及时了解游客入住情况。

4.4 游览服务

4.4.1 严格按照旅行社确定的接待计划安排游客的游览活动，不得随意减少、增加旅游项目。

4.4.2 遇有特殊情况确需改变旅游线路时，应请示旅行社同意后予以调整，与游客签字确认，及时做好各环节的衔接工作。

4.4.3 利用就餐时间了解游客身体状况，重申出发时间、乘车或集合地点，提醒游客带好随身物品，注意人身及财物安全。

4.4.4 游览出发前，应提前 10 分钟恭候在车门旁，照顾游客上车。

4.4.5 赴景点途中，问候游客，告知当天行程、天气情况等有关注意事项，简要介绍拟参观景点的情况，并根据游客特点、兴趣或要求，穿插介绍有关历史典故、风土人情等，热情回答游客提问。

4.4.6 到达景点下车前，应向游客宣布集合时间、地点、车牌号及参观游览中的注意事项等；集合后发现有游客未到时，要沿游览线路返回寻找，必要时通知旅行社协助寻找。

4.4.7 应合理调度安排游览进度，保证在计划的时间与费用内，让游客能充分地游览、观赏景点。

4.4.8 游览过程中，根据不同游客特点，运用不同导游手法和技巧（至少两种以上），有针对性地讲解，做到内容准确、条理清晰、语言生动，增加游客游兴。

4.4.9 游览中，适时提醒游客注意人身及财物安全。

4.4.10 全天游览活动结束后，主动向全陪、领队征求意见建议，及时妥善解决当日游览过程中遇到的问题。

4.5 餐饮服务

4.5.1 提前熟悉掌握就餐餐馆位置、设施及餐饮特色，确认日程安排中旅游团每次用餐的情况。

4.5.2 了解掌握游客饮食习惯，并向餐馆反映，提出建议意见，适当调整饭菜品种和口味。

4.5.3 就餐时引导游客入座，向游客介绍餐馆设施及菜肴特色等情况，并做好相应安排。

4.5.4 关注饭菜质量和上菜速度，及时巡餐（餐前、餐中），迅速处理用餐中出现的问题。

4.5.5 在游客餐位附近就餐，随时解决游客就餐过程中出现的问题，解答游客在用餐过程中的提问。

4.6　送团服务

4.6.1　根据游客预订航班（车次）时间，确定行李交送和出发时间、地点，并及时通知游客。

4.6.2　协助游客办理退房和私人账目结账等有关事宜；行李集中后，认真清点行李，办理交接手续，并主动提醒游客检查随身行李物品是否带齐。

4.6.3　在前往机场（车站、码头）途中，致欢送词。

4.6.4　到达机场（车站、码头）下车前，再次提醒游客带齐随身行李，检查车内有无遗留物品。

4.6.5　对乘飞机离开的游客，协助其办好登机和行李托运手续，待其顺利安检后方可离开机场。

4.6.6　游客离去后，对其委托事宜，认真办理并及时回复。

4.6.7　接团任务结束后，应认真及时地做好接团小结、导游日志等记录，按规定整理好团队档案。

地接计调岗位职责和工作标准

1.　目的

熟悉地接计调岗位职责，规范地接计调工作标准，提高工作效率，提升服务水平。

2.　范围

适用于旅行社地接计调人员。

3.　岗位职责

岗位	岗位职责	备注
计调人员	负责业务咨询、报价等工作	
	负责推出旅游线路、价格核算等工作	
	完成好订房、订票、订车、订导游人员、订餐等计调员的细化工作	
	与其他部门积极配合，跟踪产品实施效果以及业务发展状况，持续改善产品	
	协助处理团队游览过程中遇到的各种问题和处理投诉等工作	
	及时了解客户的反馈意见，对供应商服务质量进行评估	
	开拓新客源、维护老客户	

4.　工作标准

4.1　准备工作

4.1.1　熟知我国的各项法律法规，包括《中华人民共和国旅游法》《中华人民共和国合同法》《旅行社管理条例》《导游管理条例》，以及酒店管理、车辆运输等相关行业的法律法规。

4.1.2 具备一定的电脑应用知识，具有较强的文档编制和处理能力。

4.1.3 熟知接待礼仪常识和谈判技巧，具有良好的交际和沟通能力。

4.1.4 掌握本地和周边地区酒店、车辆、景区的详细情况及当地优惠奖励政策。

4.1.5 熟知本社导游人员和临时聘用导游人员的年龄、学历、性格、责任心和适合的团型等特点。

4.1.6 熟悉客源情况及客源地旅行社的状况、特点及信用程度等情况。

4.1.7 熟练掌握计调部采购的各项常用业务成本、通常报价内容、浮动状况和竞争情况等。

4.1.8 熟知本社旅游线路特点，能根据客户的要求，制订合理可行的出游线路。了解旅游市场信息，不断推出新的特色旅游线路。

4.1.9 熟知旅游安全预案，具有风险意识和处理突发事件的能力，做好随时应对突发情况的准备。

4.2 接待工作

4.2.1 接听电话。规范接听业务咨询电话，记住对方组团社的名称、业务联系人、传真、电话、线路要求，并留下对方的直接联系方式（如电话、QQ、微信等）。

4.2.2 做出报价。报价迅速准确，常规线路报价 10 分钟内完成，非常规线路报价不能马上报价的应说明情况，并立即与相关部门沟通，及时反馈。

4.2.3 及时跟单。在给对方做出报价之后，迅速利用传真、电子邮件等形式发给对方，并在发出 5 分钟后询问对方是否收到，有无问题需要沟通。

4.2.4 落实计划。重点是落实人数、用房数，抵达大交通的准确时间和抵达地点，有无特殊要求等，并和对方盖章确认。

4.2.5 发送计划。向各相关单位发送接待计划，做好订房、订票、订车、订导游人员、订餐，如有变更需书面签字确认。

4.2.6 下达计划。提前一两天通知导游人员领取接待计划。把团队名单表、向协议单位提供的盖章的公司结算单、游客服务质量评价表、需要现付的现金等发给导游人员，票款当面点清并由导游人员签收。强调该团的注意事项和特殊要求。

4.2.7 关注行程。在团队游览期间，及时跟踪，了解团队的进度情况和实施效果。协助导游人员处理特殊问题。重点团队要看团，面对面倾听游客的意见和建议。

4.2.8 催收团款。按与组团社及供应商签订的协议及时收齐团款。

4.2.9 审核报账。团队行程结束，通知导游人员及时报账。详细审核导游人员的报账单，明确导游人员的收支情况，并报于财务处登记备案。

4.2.10 电话回访。团队返回目的地后，及时拨打服务电话，做好回访工作，并与供应商进行沟通和反馈，不断完善旅游产品。

4.2.11 整理归档。操作完团队之后，将对方社的资料整理、备档（包括团队确认单、派单、导游人员的交账单）。

4.2.12　宣传维护。充分利用网络资源，通过各种形式（会员、电话、QQ、微信等）宣传推广自己的产品，开发新客户维护老客户。

会务执行人员岗位职责和工作标准

1. 目的

规范会务工作标准，提高工作积极性，提升会务工作品质。

2. 范围

适用于会展服务人员。

3. 岗位职责

岗位	岗位职责	备注
会务执行人员	仪容端正，着装整齐，提前到岗	按接待标准执行
	按照客户要求布置好会场，做好会前的物品准备	
	检查会场设施设备，保持设备的完好、有效	
	做好会中服务，确保会议有序进行	
	负责各会议室之间的工作协调配合	
	做好会后场地清洁卫生和设备、物品的收集清理工作	
	完成上级安排的其他工作	

4. 工作标准

4.1　准备工作

至少提前 15 分钟上班到岗，上岗时仪容端正、着装统一、佩戴工号牌。

4.2　了解会议

签到并参加班前会，了解会议要求。熟知举办会议单位与会人数、会议主题、时间、会标、台型要求、所需物品与设备、结账方式及特殊要求。

4.3　布置会场

4.3.1　准备所需设备（如灯光、音响设备、话筒、空调等）完好、有效。

4.3.2　准备服务用品（如台布、灯光、桌裙、铅笔、信纸、茶杯、会标、指示牌、鲜花等）齐备、清洁、完美。

4.3.3　台型设置合理、符合要求，桌子摆放整齐、无摇晃，桌位等于或略多于会议人数。

4.3.4　摆信笺，信笺中心线在一条直线上；笔尖朝前成 45° 摆放在信笺上，标志朝上。

4.3.5 摆茶杯，茶杯要洁净，茶叶色泽好无变质。香巾篮（盘）完好，左边缘距茶碟 2～2.5 厘米，香巾温度适宜、无异味。

4.3.6 将无线话筒和投影仪调试好，音质好、音量适中、投影清晰。

4.3.7 白板笔摆放于讲台旁，白板干净、笔书写流畅。

4.3.8 指示牌文字表述清楚，摆放于大堂及会场门口显眼位置，便于指引客人进入会场。

4.3.9 摆放席位卡，席位卡庄重大方，摆放整齐。请主办单位反复核对，确保无误。

4.3.10 按客人要求制会标，挂于合适位置，文字正确无误，字迹美观大方。

4.3.11 摆放盆花及绿植，新鲜、美观、无枯叶，高矮适合会场环境布置要求。

4.4 会前准备开水和室温、灯光调控

4.4.1 会议前半小时准备好开水，温度在 80℃以上，暖瓶要干净无破损、不漏水。

4.4.2 会议前 1 小时打开空调，室内温度调控，冬天保持 19～22℃，夏天 24～27℃。

4.4.3 与会人员到场后视需要打开灯光，光线充足，根据要求适当调控灯光。

4.4.4 服务员提前半小时站于指定位置迎客，站姿正确，面带微笑。

4.5 会中服务

4.5.1 引领入座，椅子轻拿轻放，使用礼貌用语。

4.5.2 左手端托，右手拿香巾夹，站在客人右后侧为客人递香巾，香巾干净无异味，冬天在 35℃左右。

4.5.3 在客人右后侧为客人斟倒茶水，动作轻拿轻放，茶水倒至八分满，注意礼貌服务。

4.5.4 会中保持会场安静，做到"三轻"（走路轻、说话轻、操作轻）和"四勤"（手勤、脚勤、嘴勤、眼勤），不打扰客人。

4.5.5 会中休息时间快速进行会场小整理，补充、更换物品，轻拿轻放，保持安静。

4.6 会后服务

4.6.1 检查有无客人遗留物品及文件，如有，及时送交会务组。

4.6.2 检查有无损坏的设施设备及用具，如有，将数目及损坏情况与会务组人员核实后送收银处，仔细、认真、做好记录。

4.6.3 请餐厅领班调派人员整理会场，做好卫生清理工作，清点仔细、及时回收。

4.6.4 检查设施设备发现问题及时上报维修，仔细、认真，消除一切安全隐患。

景区导游岗位职责和工作标准

1. 目的

规范景区导游人员工作标准，提高景区导游人员讲解和服务水平，提升游客满意度。

2. 范围

适用于旅游景区导游人员。

3. 岗位职责

岗位	岗位职责	备注
景区导游人员	热情、认真做好对游客的讲解、接待服务	
	积极向游客介绍和传播文化,宣讲环境保护、生态保护和文物保护知识	
	妥善处理好旅游相关服务各方面的协作关系	
	做好事故防范和安全提示工作	
	认真处理在景区旅游过程中的突发问题	
	做好旅游团队接待记录工作	
	完成主管领导安排的其他工作	

4. 工作标准

4.1 基本要求

4.1.1 遵守行业法规,服从景区的统一管理,自觉认真执行景区的各项规章管理制度,做好服务准备、导游服务和送别服务三个环节的工作。

4.1.2 导游人员应规范保管和使用讲解证,严禁随意转借、涂改、伪造讲解证和未经批准擅自使用讲解证外出从事讲解活动。

4.1.3 严格服从景区日常工作安排,遵守景区关于团队运行中的相关注意事项,自觉维护景区利益和游客合法权益,积极以最优质的服务接待各方游客。

4.1.4 遵守职业道德,着装统一整洁、用语文明、礼貌待人、耐心周到地做好讲解服务,向游客宣传环境保护、生态保护和文物保护知识并提醒游客景区注意事项。

4.2 服务准备

4.2.1 经景区委派提供讲解和其他服务。

4.2.2 在接待前了解团队或游客的有关情况和特殊要求,了解来访游客所在地区或国家的宗教信仰、风俗习惯和禁忌。

4.2.3 进行必要的语言和知识准备。

4.2.4 关注景区每日新信息、新动向,第一时间告知游客,以便游客合理安排游览时间。

4.2.5 准备好讲解证、扩音设备、需要发放的相关资料及所需的票证。

4.2.6 着装整洁、得体,注意个人卫生。女导游人员化淡妆,饰物佩戴及发型符合景区规定。

4.2.7 讲解服务前不得食用葱、蒜等有异味的食物。

4.3 导游服务

4.3.1 10人以上团队，需持导游旗带团游览、手持话筒（或其他扩音设备）向游客进行讲解。

4.3.2 在接待开始时应向游客致欢迎词并进行自我介绍。

4.3.3 提供景区宣传册或地图，介绍景区概况和游览线路，同时告知游客景区内需要自费的景点和项目。

4.3.4 提醒游客保管好景区门票以备进入景区后其他游览区检票。

4.3.5 使用恰当的引导手势，向游客讲解景区的自然和人文情况，介绍风土民情，讲解内容及语言规范准确、健康文明，不谈论不适宜的话题。

4.3.6 严格按照规定游览线路和游览内容进行讲解服务，不得擅自减少服务项目或中途终止讲解活动。

4.3.7 充分照顾到每位游客，协调好游览速度，尽力保证每位游客都能顺利进行游览、完整听到讲解。根据游客的年龄、背景及经历等调整讲解方式，吸引游客注意力。细致地解答游客的询问，努力为游客排忧解难。

4.3.8 尊重游客的民族尊严、宗教信仰、民族风俗及生活习惯。

4.3.9 对涉嫌欺诈经营的行为和可能危及游客人身、财物安全的情况，向游客做出真实说明或明确警示。

4.3.10 不得无故离团或自行乘坐观光车或缆车在前方等候游客；换乘缆车或观光车时提醒游客保管好随身携带的物品，以免遗忘在缆车或观光车上。

4.3.11 不得以任何方式向游客兜售物品和索要小费、礼品，不得串通其他旅游经营者欺骗、胁迫游客消费。

4.3.12 熟悉景区的突发事件应急预案、掌握必要的急救措施，灵活冷静地处理导游过程中的突发事件，尽力保护游客的人身、财产安全。

4.3.13 讲解服务收费实行定额限价管理，由景区统一收取，严禁擅自违规收费。

4.3.14 严格遵守景区景点旅游门票管理规定，严禁带客偷逃旅游门票。

4.3.15 游客在景区乘车（乘船）游览时、购物时、观看景区演出时、用餐时，提供必要的讲解和服务及安全注意事项的提示。

4.4 送别服务

4.4.1 送别游客要致欢送词，诚恳地征询游客的意见和建议。

4.4.2 若备有景区有关资料或小纪念品，赠予游客，作为留念。

4.4.3 热情地向游客道别，在游客离开后再离开。

4.5 后续工作

4.5.1 游客离开景区后，或当天工作结束前，应按照景区的规定，及时认真地填写工作日志或本单位规定的有关工作记录。

4.5.2 配合景区做好服务监督和后期的服务回访工作。

附录二 旅游线路设计实践案例

青岛、海阳、威海、烟台、大连亲子单飞 7 日游

★青岛海底世界：中国最具特色的海洋生态大观园。
★独家赠送：青岛特色网红排骨米饭。
★五星海景度假酒店：面朝大海，一线海景。
★海上花田：实若中国北方的普罗旺斯，浪漫之岛。
★自然之子儿童乐园：孩子亲近自然，回归自然，在自然中成长！
★生物科学员：为孩子们打造的海洋生态教室，可以探索海洋的深邃和奥妙。
★花海摸花蛤：挽起裤腿，撸起袖管，各种小贝壳、美味小海鲜，自己动手挖起来。
★骑行漫游花海：骑上自行车，带上宝贝环岛一游。
★小食神：从海里捕捞最新鲜的各种海鲜，需要亲自去拾柴烧火，做一顿海鲜 DIY 美食。
★独家安排：沙滩篝火晚会，沙滩特色 BBQ（Barbecue，烧烤大会）。
★皇家养马岛：皇家御用养马宝地。

DY1	西安/日照/连云港
暖心提示	参考车次：1148 次（18:36 发车，9:52 到达。其他车次具体以出团通知为准） 请随身带好有效证件（身份证等）及其他个人必需品
DY2	连云港🚌日照（约 120 千米，车程约 2 小时）
	【灯塔风景区】东临碣石，以观黄海；日月之行，若出其中；星汉灿烂，若出其里，岩滩上看海鸥戏浪，任海风吹动衣襟，蓝色的海水涌向岸边，溅起朵朵雪白的浪花；远观我国第二大煤炭输出港——日照港；日照灯塔风景区因区内设有灯塔而闻名。 【城市阳台】景区主要由海水浴场景观区、中央湖广场景观区、汽车文化会展公园、城市足迹馆等组成。城市阳台内的灵山湾海水浴场有天然优质沙滩，是青岛西海岸最大的天然优质海水浴场。 【海上西湖·青岛湾滨海公园】（50 分钟）唐岛湾碧波荡漾，弥漫了现代海滨的气息；时尚和体验相互融合，建设了码头休闲娱乐村、滨海伊甸园、滨海休闲广场、公共艺术园、运河广场、滨海运动休闲娱乐中心，让人仿佛置身江南水乡。 【灵山湾海滨浴场】自由活动，观海滨夜景！
DY3	青岛🚌海阳（约 130 千米，车程约 2 小时）
	【中国之最·胶州湾海底隧道】中国最长的海底隧道，隧道全长 7800 米。处于火山岩及次火山群地带，覆盖层较薄，断裂带密集，共穿越 18 条断层破碎带，断面最大跨度达 28.20 米，最深处位于海平面以下 82.81 米，也是目前我国最长、世界第三长的海底隧道。 【"鸥遇"栈桥】（40 分钟）走近被喻为"长虹远引"青岛的象征——栈桥，观赏青岛的近海风光，感受青岛独特风景"红瓦绿树、碧海蓝天"。

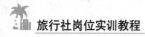

DY3	青岛 🚌 海阳（约 130 千米，车程约 2 小时）
	【劈柴院】劈柴院是青岛最古老的小吃街，漂亮的门楼，有点像上海石库门弄堂的门楼，上书"劈柴院"，穿过很小的门洞走进窄窄的街道，两侧密密麻麻排列着小门店一直敞开着，满街的小吃以海鲜、烧烤类为主。
	【青岛海底世界】青岛海底世界分为潮间带、海底隧道、船舱通道、海洋剧场、圆柱展缸、热带雨林区、生物精品区、科普教育区等几大区域。它整合了青岛水族馆、标本馆、淡水鱼馆等原有旅游资源，与依山傍海的自然美景相融合，形成山中有海的奇景。中餐赠送青岛特色排骨米饭网红小吃——秘制排骨米饭，烂软而入味，吮吸骨髓里的汤汁，香浓盈腔。
	【八大关风景区】著名的别墅区，有 200 多栋建筑近 20 多个国家的建筑风格，被誉为"万国建筑博物馆"。浪漫"海岛之窗"八大关，是婚纱照的拍摄胜地。
	【五四广场】"五月的风"青岛的新标志，五四广场被分为南北两区，北区连接青岛市人民政府，是中心广场；南区濒临浮山湾，东区有 2008 年奥运赛场奥帆基地。
	【水准零点】（套餐内）是中国唯一的水准零点，是"中国高程之母"。在这里，您在观赏海湾美景的同时，可以浏览世界水准原点集萃和海洋、大地、山川科普知识，享受"高度从这里开始"的体验。
	下午乘车赴海阳，沿途观赏半岛风光。
	1.【海上花田】海上花田（主要花种为马鞭草、薰衣草、向日葵；）蝶飞鸟舞，花香共海天一色，实若中国北方的普罗旺斯，浪漫之岛！
	2.【花田漫舞】在大海中央，体验象征正义、期待、同心协力的舞蹈。
	3.【自然之子儿童乐园】孩子亲近自然，回归自然，在自然中成长！树屋、攀爬区、戏水区、大滑梯、玩沙区、休息区等多个项目，能够满足 1～12 岁孩子的需求。
	4.【生物科学员】生物课本上各种海洋生物的图片或者实验室里的标本，可以在此见到实物。这是一个为孩子们打造的海洋生态教室，可以探索海洋的深邃和奥妙。
	5.【贝壳艺术品】沙滩上可以捡到一堆形态各异的贝壳，贝壳的主要成分为 95% 的碳酸钙和少量的壳质素，孩子们可以充分发挥想象力，把小小贝壳做成属于自己的"贝壳艺术品"。
	6.【花海摸花蛤】挽起裤腿、撸起袖管，各种小贝壳、美味小海鲜，自己动手挖起来。
	7.【骑行漫游花海】骑上自行车，带上宝贝环岛一游。
	8.【小食神】从海里捕捞最新鲜的各种海鲜，需要亲自去拾柴烧火，做一顿海鲜 DIY 美食。
	9.【沙滩篝火 BBQ】（套餐内）夜幕降临，孩子们点燃象征希望的篝火，围着篝火，翩然起舞。团队、个人才艺表演，集体舞蹈等节目，释放自己的天性，展示自己的才艺，一场饱含热情、感动的篝火晚会带来美好难忘的时光。
DY4	海阳 🚌 威海（约 150 千米，车程约 2.5 小时）
	乘车赴威海。
	【威海公园】游览素有"城市花园"之称的威海近海雕塑海滨公园。阳光、海浪、沙鸥、绿荫、鲜花相互辉映，一幅原生态的城市美景。
	【威海市政大楼】享称"小布达拉宫"，巍峨挺拔、气势恢宏，是威海最优秀的建筑。
	【幸福门】"威海之门"，是威海的标志，代表着威海现代化的城市形象。
	【小石岛出海捕捞】（套餐内）跟随渔民乘船出海，体验拔笼拔蟹；船上现场加工品尝自己收获的喜悦（最少两种海鲜），感受当地渔民的真实生活。
	晚餐自理：威海与韩国隔海相邻，这里有许多韩国特色小吃可随意品尝。
DY5	威海 🚌 烟台（约 70 千米，车程约 1.5 小时）
	早餐后乘车前往目的地。
	【威海国际海水浴场】浴场海滩东西长 2800 余米，滩缓沙细无杂质，水质轻柔干净，沙滩面积 30 万平方米，可同时容纳 10 万游客。环绕浴场的千亩松林与大海相映成趣，美不胜收。

续表

DY5	威海🚄烟台（约 70 千米，车程约 1.5 小时）		
	【月亮湾风景区】位于黄海之滨，左挑烟台山，右依东炮台，背靠岱王山，这里山石、海水、港湾融合一体，很有气势。和九丈崖紧邻，海水退潮后，海湾露出许多鹅卵石，是烟台魅力城市的象征，被情侣们视为浪漫圣地！ 【海昌渔人码头】（套餐内）渔人码头三面环海，欧罗巴风情的建筑彰显出 19 世纪英国小镇的感觉，是烟台人拍摄婚纱照的首选之地。 【养马岛滨海礁石滩度假公园】（套餐内）秦始皇东巡途经此地，见岛上水草茂盛，群马奔腾，视为宝地，便指令在此养马，专供皇家御用。养马岛而得名。 赠送【木鱼石博物馆】木鱼石是一种非常罕见的矿石，大小不一、形状各异，用手摇动木鱼石还能听见动听的声响，有着很高的欣赏和收藏价值。关于木鱼石还有一个传说故事：雍正皇帝为了选出下一位继位者，让他的皇子们寻找一块会唱歌的石头，身为皇子之一的乾隆皇帝便找到了木鱼石，顺利地当上了皇帝。传说用木鱼石杯子泡的茶水又香又甜，还有养颜长寿的益处。烟台木鱼石博物馆正如名字而言，馆藏着很多有名的木鱼石雕塑、模型等珍品。 乘车赴蓬莱（1.5 小时） 【八仙渡海广场】游览（30 分钟）东临蓬莱阁、西靠八仙渡，融入这仙、海、山、阁的大自然的怀抱中，如沐仙境，八仙雕像惟妙惟肖，真是人在画中、画在海中。 晚乘船烟台或蓬莱三等舱（4 人间）赴大连（约 7.5 小时）。		
DY6	大连🚌旅顺		
	早餐后，乘车前往"大连的后花园"旅顺港口。 外观【旅顺胜利塔】【中苏友谊塔】：国家级重点文物保护单位。 【星海湾广场、百年城雕、华表广场、世纪脚印】市内游览（约 40 分钟），沿途欣赏大连浪漫海滨之都的中山广场、友好广场、人民广场。 【东鸡冠山】中国近代史甲午战争和日俄战争主战场，中国唯一保持完整的弹药库。 【军港】参观旅顺的门户，领略军港海域的险要地势，饱览海军战舰的巍峨雄姿。 【东方威尼斯水城】处处散发着高贵和浪漫，可以与盛享美誉的欧洲各大水城相媲美。水城运河全长 4 千米，贯穿 200 多座欧式城堡，"贡多拉"游走于欧式城堡间，体验异域风情。 赠送【俄罗斯风情街】大连俄罗斯风情街地处大连市胜利桥西北，又称为团结街，保留了 38 栋原远东白俄罗斯时的建筑，已百年历史，是中国第一条具有俄罗斯十九世纪、二十世纪建筑风格的街道。 赠送【大连歹街，开启狂"歹"模式】一条专属大连人小吃街，承载了老大连 119 年的悠长历史，还原了 1899 年清朝到民国时期的大连商街风貌，这条小巷到处散发着大连特有的浓浓海蛎子味，它正向人们诉说着百年大连的沧桑。 赠送【满洲特色八大碗】满族八大碗是满族同胞的特有菜种，各类美食挑战你的味蕾。		
DY7	大连🚄西安		
	自由活动，乘飞机返回西安，结束愉快的旅程！		
服务标准	景点门票：行程中所列景点首道大门票。 团队住宿：全程商务酒店双人标间、独卫空调房；升级一晚五星海景度假酒店。 团队用餐：团队标准餐 3 早 4 正（十菜一汤，十人一桌）。 团餐：正餐 20 元标准 不吃不退。 空调旅游车：当地空调旅游车，保证一人一正座。 合格导游人员：地方持证合格导游人员服务。 往返大交通：西安—连云港东/日照火车硬卧（以实际车次为准）、大连—西安机票（含机建）。		

附录三　旅游公司员工入职培训方案

为了满足公司发展需要，打造一支高素质、高效率、高执行力的团队，使公司在激烈的市场竞争中有较强的生命力、竞争能力，特编制本方案。

一、培训态度

一个人最大的竞争力来自学习。

心若改变，你的态度跟着改变。态度改变，你的习惯跟着改变。

习惯改变，你的性格跟着改变。性格改变，你的人生跟着改变。

二、培训意义

1）掌握相应的工作技能和职业道德，从而胜任工作。

2）学到新知识，获得经验。

3）减少工作中的失误。

4）为提升创造条件（新手、生手变为熟手，老手不断更新工作方法，提高工作效率；学习管理知识）。

5）增强自身对胜任工作的信心。

6）增强工作能力，有利于未来发展。

三、培训内容

入职培训共 3 天，其具体培训见附表 3-1。

附表 3-1　入职培训具体内容

培训时间	培训内容	培训目的
__月__日 上午 10:00～12:00	1）培训纪律要求 2）公司组织架构 3）企业文化	帮助员工快速了解公司、融入公司企业文化，树立统一的企业价值观念

续表

培训时间	培训内容	培训目的
__月__日 下午 15:00～17:00	1) 员工守则 2) 公司制度 3) 部门、岗位职责	培养良好的行为模式、工作心态、职业素质，了解公司相关规章制度，熟悉各部门职责，牢记个人岗位职责，为胜任岗位工作打下坚实的基础
__月__日 上午 10:00～12:00	1) 团队精神 2) 敬业精神 3) 企业忠诚	营造员工与公司"一损俱损，一荣俱荣，同心同德，荣辱与共"的企业风格，以及"自尊自强、自勉自励、务实创新、爱岗敬业、团结奋进"的新的道德风尚；改善员工的态度和行为，促进组织效率的提高和组织目标的实现
__月__日 下午 15:00～17:00	1) 服务意识 2) 服从意识 3) 沟通技巧 4) 礼仪规范	员工自觉地、主动地、发自内心地提供劳动；提高员工组织意识；教授沟通技巧，协调人际关系；了解礼仪的内涵，掌握基本的服务礼仪规范；塑造个人职业形象，塑造和传递公司的良好形象
__月__日上午 10:00～12:00	实际操作演练	巩固前期培训内容，使员工不断更新业务知识、开拓技能
__月__日下午 15:00～17:00	培训考试	检验培训结果

四、自我检查

每天在工作中进行自我检查。

1）佩牌、着装统一。

2）落实首问责任，落实值班领导负责制。

3）来有迎声，问有答声，走有送声。

4）服务环境保持整洁，服务设施保持良好，接待客户保持微笑，提供服务保持"三姿"（坐姿、站姿、走姿）。

5）不准串岗、离岗，不准聊天，不准使用服务忌语，不准直呼客户姓名。

附录四　景区导游服务案例

知识渊博，立业之基

　　小王是杭州岳王庙景区的一名导游人员，他整天捧着导游词拼命地背。一天，他接待了一个来自北京的教师旅游团。当他介绍到岳王庙历史时说："岳王庙始建于北宋，原为智果观音院的旧址……"话没说完，有一位教师提出疑问："岳飞是南宋的抗金名将，为什么埋葬岳飞的岳王庙却是在北宋建的？"小王听后，一时语塞。在正殿，小王讲解道："这天花板上绘的是松鹤图，共有 372 只仙鹤，在苍松翠柏之间飞舞，寓意岳飞精忠报国精神万古长青。"一游客听后问道："为什么是 372 只仙鹤，而不是 371 只或是 373 只？这有什么讲究吗？"小王倒是很爽快，回答说："对不起！这个我也不清楚，应该没什么讲究吧！"来到碑廊区，小王指着墙上"尽忠报国"四个字说，这是明代书法家洪珠所写。团中一位年轻人不解地问小王："为什么前面正殿墙上写的是'精忠报国'，而这儿却写成'尽忠报国'呢？"小王考虑了一会儿，支支吾吾道："这两个字没什么区别，反正它们都是赞扬岳飞的。"那游客还想说些什么，小王却喊道："走吧，我们去看看岳飞墓。"到了墓区，小王指着墓道旁的石翁仲讲解道："这三对石人代表了岳飞生前的仪卫。"游客们没有听懂，要求小王解释一下"仪卫"是什么，小王犯难地说："仪卫就是为岳飞守陵的人。"游客反问道："放几个石人在这儿守陵有什么用呢？"小王说："这个对不起！我不知道。"

　　游客看着一问三不知的小王，便开始摇头散去，小王颇感尴尬。

400 米"走了"12 年

　　江津的聂荣臻元帅陈列馆的展廊有 400 多米长，赵永芳来来回回走了 12 年，她一直琢磨的一件事就是如何让这 400 米变得更精彩。

　　赵永芳是 1999 年聂荣臻元帅陈列馆公开招聘的第一批讲解员，回忆起刚到陈列馆的情形，她的感觉是"挺茫然的"。"我们是第一批讲解员，没有前辈可借鉴。刚开始给游客讲解，走着走着游客就走散了，因为你的讲解吸引不了他们。"短暂的茫然后，赵永芳知道必须打破这个局面。

一开始的讲解是对着讲解词照本宣科，游客自然不喜欢，"不如给本书自己看好了！"赵永芳意识到，讲解员不能简单地做本"教科书"。讲解员的一头是展馆资料，另一头是游客，自己好比当中的纽带，这条纽带要发挥出作用，就要将这些资料转化成为自己的东西，培养出游客接受的表达方式。

找准了定位，赵永芳开始尝试对讲解进行改进。讲解的时间一般在 10 分钟左右，她就争取在短时间内找到一个突出点，将聂荣臻元帅的精神更好地传递给游客。对于青少年游客，她着重讲述聂荣臻元帅青年时期爱国、救国的故事；对于机关干部，着重点就落在聂荣臻元帅如何关注民生的事迹上。赵永芳说："在每次讲解前，我都会先了解这个团队游客的基本情况，看看 400 米的展廊上有哪些点可以更好地与这批游客对接。"

为了让解说更能吸引游客，赵永芳还报名参加了重庆故事员培训班，钻研讲故事的技巧，并试着把这些技巧融入解说当中。慢慢地，赵永芳讲故事出了名，获得了江津区"故事大王"的称号。

通过这一系列有针对性的改进，原先"走失"的游客又围聚到了她身边。如今，400 米的展廊对赵永芳来说可谓"轻车熟路"，不管讲解时间是 10 分钟、20 分钟还是半小时，她都可以根据时间长短、讲解对象调整讲解内容、找准讲解重点，让游客在有限的参观时间内留下印象。

特殊游客，特殊讲解

8 月 11 日，高景菊巡岗至胡仙堂，看到一老人在与外孙说话，大概内容是老人想去蓬莱阁主阁看看，外孙嫌天气炎热，老人腿脚不便，不愿意陪同老人去，见此情景，高景菊主动上前询问："阿姨，您是想去蓬莱阁主阁看看吗？我是这儿的工作人员，我来扶您去吧，还可以给您讲讲其中的典故，您看行么？"老人听了十分高兴："太好了，我这个外孙是指不上了，真麻烦你了。""老人家您太客气了，你先坐这儿等我一会儿，我去去就来。"说着高景菊就往展室休息室去，等她回来时，手里多了一个小马扎。"我回去拿个马扎，等您走累了还可以坐下来休息一下。老人家，咱走吧。"高景菊说着，便搀起老人往主阁走，上台阶时，老人腿抬不动，高景菊就用手帮着抬；下台阶时，老人身体总是向前倾，高景菊就走在老人前面，让老人把手搭在她的肩膀上，半个身子的重量都压在她的身上，就这样，沿途还不忘给老人讲解所经之处的景点、典故。这样，原本 10 分钟的路程，硬是让她们走了 40 分钟。

当老人终于登上主阁二楼时，高景菊赶紧放下马扎，让老人坐下来休息。老人看到高景菊也已是满头大汗，便说道："真是麻烦你了闺女，我那外孙不爱上来，害你陪我上来，你也够累的，你来坐会儿吧。"说着，就要挣扎着站起来，高景菊见了，立马扶住老人："阿姨，您坐下，我其实一点都不累，出点汗好，权当减肥了。其实，您一点都没麻烦我，这都是我应该做的，您就坐这儿好好享受一下，这儿可凉快了！""确实是，这儿真是个好地方，景色好，人也好！上哪儿找你这么好的闺女啊！"就这样，高景菊陪着老人家，在阁上说说笑笑。当高景菊把老人家安全搀回胡仙堂，送到外孙手里时，老人还紧握着高景菊的手，感激地说："闺女，这回多亏了你，不然这次就白来了，如果这次不上去，还不知道有没有下一次了，谢谢你了闺女！真是好人啊！"听了老人的夸奖，高景菊真诚地对老人说"您别这么说，下次您来，我还扶您上去！"

　　这个案例虽小，但充分体现了蓬莱阁员工细致、周到、人性化的服务。高景菊看到老人想上主阁去看看，而其外孙并不愿意陪同，便主动提出陪老人去，其实，老人腿脚不便，途中一旦发生意外，就不仅仅是小麻烦了，但高景菊还是去了；高景菊看到老人腿脚不便，便去休息室把自己的马扎拿出来，供老人休息时坐，不得不说其考虑周到。上下台阶时，高景菊就做老人的拐杖，宁愿老人把半个身子的重量压在自己身上；到了阁上，虽然自己已累得满头大汗，但还是让老人坐着马扎休息。其实这样的事情，每天都在发生，对高景菊来说已经习以为常，但对那些接受过高景菊热情帮助的游客，他们也许会永生难忘。

参 考 文 献

陈乾康，阙敏，2006. 旅行社计调与外联实务[M]. 北京：中国人民大学出版社.

董承岳，2015. 基于价值链的在线旅行社（OTA）竞争发展研究[D]. 保定：河北大学.

何瑛，2014. 旅行社计调实务[M]. 北京：科学出版社.

梁文生，2007. 导游实务[M]. 济南：山东科学技术出版社.

梁智等，韩玉玲，2011. 旅行社计调师实务教程[M]. 北京：旅游教育出版社.

全国导游资格考试统编教材专家编写组，2018. 导游业务[M]. 北京：中国旅游出版社.

石兵兵，2017. OTA背景下中小旅行社营销策略研究[D]. 天津：天津商业大学.

谭小琥，2017. 发展电商需要了解的那些事之电商客服沟通技巧[J]. 中国合作经济（11）：43-48.

王雁，2015. 导游实务[M]. 北京：高等教育出版社.

王煜琴，2014. 旅行社计调业务[M]. 北京：旅游教育出版社.

夏新星，2017. OTA客源直客转化研究：以A酒店为例[D]. 北京：北京第二外国语学院.

叶娅丽，2017. 旅行社计调业务[M]. 武汉：华中科技大学出版社.

于鸣，2015. 讲解员讲解对旅游景区形象影响的研究[J]. 旅游纵览·行业版（2）：57.

曾燕群，2012. 旅行社计调与外联实务[M]. 北京：中央广播电视大学出版社.

张道顺，2012. 旅游产品设计与操作手册[M]. 3版. 北京：旅游教育出版社.

张爽，2016. 中国在线旅游二十年简史[J]. 互联网经济（6）：82-89.

参考文献